Nikolai J. Ossipow
Tolstois Kindheitserinnerungen
Ein Beitrag zu Freuds Libidotheorie

SE**V**ERUS
Verlag

Ossipow, Nikolai Jeffgravovich: Tolstois Kindheitserinnerungen. Ein Beitrag zu Freuds Libidotheorie
Hamburg, SEVERUS Verlag 2011.
Nachdruck der Originalausgabe von 1923.

ISBN: 978-3-86347-102-6
Druck: SEVERUS Verlag, Hamburg 2011

Der SEVERUS Verlag ist ein Imprint der Diplomica Verlag GmbH.

Bibliografische Information der Deutschen Nationalbibliothek:
Die Deutsche Nationalbibliothek verzeichnet diese Publikation in der
Deutschen Nationalbibliografie; detaillierte bibliografische Daten sind
im Internet über http://dnb.d-nb.de abrufbar.

SEVERUS Verlag

I
VORBEMERKUNGEN

Alle Werke Leo Tolstois — die dichterischen, publizistischen, philosophischen und religiösen — stellen eine Selbstanalyse und in mancher Beziehung sogar eine Psychoanalyse im Freud'schen Sinne dar.

In der Beschreibung der Seelenerlebnisse von Dimitri Nechljudow, im 14. Kapitel des Romanes „Auferstehung", hat Tolstoi seine eigenen Erlebnisse in folgende Formel zusammengefaßt:

„In Nechljudow lebten, wie schließlich in allen Menschen, zwei[1] Menschen: der eine, der geistige Mensch, der für sich nur solche Güter anstrebt, die zugleich auch für andere Güter sind, und der andere, der tierische Mensch, der nur sein eigenes Wohl sucht und bereit ist, diesem die ganze Welt zu opfern." (In Nechljudow geht zwischen diesen beiden Menschen ein echter innerer Kampf vor sich, der ihm bald bewußt, bald unbewußt ist.)

„Nur ein Schurke, ein Lump konnte so handeln! Und ich, ich bin dieser Schurke und dieser Lump? — sagte er laut. Ist es denn wirklich wahr, bin ich wirklich ein Schurke? Ja, wer denn sonst? — antwortete er sich selbst . . . ."

---

1) Die Sperrungen in allen Zitaten aus Tolstois Werken stammen vom Verfasser.

„In Nechljudows Leben war schon mehrmals geschehen, was er
„seiner Seele Säuberung" nannte. Die Säuberung seiner Seele nannte er
den Seelenzustand, in dem er plötzlich, manchmal nach großen Inter
vallen, die Verlangsamung des inneren Lebens gewahr wurde und all den
i n n e r e n K e h r i c h t auszufegen begann, der, in seiner Seele ange-
sammelt, die Ursache dieses Stillstandes bildete. Jedesmal nach solchem
Aufwachen stellte sich Nechljudow Lebensregeln zusammen, denen er
für immer folgen wollte: er schrieb sein Tagebuch und begann ein neues
Leben, das er nie mehr zu ändern hoffte, — *turning a new leaf* — wie
er sich sagte. Aber die Verlockungen der Welt umgarnten ihn wieder,
ohne daß er dessen gewahr wurde, und er sank hinab, oft tiefer noch
als früher." — [In den Momenten des Aufwachens seines „geistigen
Menschen" betet Nechljudow zu Gott wie ein Kind:] „Er betete, bat
Gott, ihm zu helfen, in ihm zu wohnen und ihn zu reinigen, und
unterdessen war das, worum er flehte, schon geschehen. Gott, der in
ihm lebte, erwachte in seinem Bewußtsein. E r f ü h l t e s i c h a l s I h n [!][1]
und empfand darum nicht nur Freiheit, Wachsamkeit und Lebensfreude,
sondern fühlte die ganze Macht des Guten. Alles, alles, das Allerbeste,
was nur ein Mensch tun kann, fühlte er sich jetzt imstande zu voll
bringen. In seinen Augen waren Tränen wenn er dies sagte, gute und
schlechte Tränen: gute Tränen, weil es Freudetränen über das Erwachen
des geistigen Menschen in ihm waren, und schlechte, weil sie Tränen
der Rührung über sich selbst, über seine Tugend, waren."

Der Gedanke, daß der Mensch eine E i n h e i t v o n
m e h r e r e n W e s e n darstellt, hat von jeher die Dichter,
Philosophen und Gelehrten beschäftigt, aber eine befriedigende
wissenschaftliche Bearbeitung hat dieser Gedanke noch nicht

---

[1] Im russischen Text steht eben: „er fühlte sich als Ihn", nicht „er
fühlte Ihn d. h. Gott in sich". Das findet seine Erklärung darin, wie Tolstoi
damals Gott verstand. Zu der Zeit, als die „Auferstehung" geschrieben wurde,
steht in seinem Tagebuche folgendes: „. . . . Dieses innere Gesetz ist dasselbe, was
wir Vernunft, Gewissen, Liebe, das Gute, G o t t, nennen. Diese Worte haben
verschiedene Bedeutungen, doch bestimmen sie alle ein und dasselbe von verschiedenen Seiten." (Leo T o l s t o i, T a g e b u c h, 1. Band, München, 1917, S. 5.)
— Gräfin A. A. Tolstoi, seine Tante schrieb ihm: „Mir scheint es, daß Sie
sich einer schon bekannten Lehre hingeben, welche den G o t t m e n s c h e n leugnet,
aber den M e n s c h e n g o t t erkennt." (Leo T o l s t o i s B r i e f w e c h s e l m i t d e r
G r ä f i n A. A. T o l s t o i. St. Petersburg, 1911. Russisch).

gefunden. Das Seelenleben des Menschen kann man als eine ununterbrochene Kette von S t r e b u n g e n z u l u s t b r i n - g e n d e n Z i e l e n betrachten. Einige von diesen Zielen steckt sich der Mensch selbst, und darum erscheinen ihm die Strebungen, die auf diese Ziele gerichtet sind, aus seinem Ich im engeren Sinne des Wortes zu entstehen — „m e i n e S t r e b u n g e n" nach L o s s k y[1]. So stellt sich Nechljudow als Ziel die Säuberung seiner Seele, darum analysiert er seine Seelenerlebnisse, stellt Lebensregeln zu- sammen, schreibt sein Tagebuch u. s. w. — das sind alles I c h-T ä t i g k e i t e n. Dieses Ich ist eben das menschliche, aber weder das geistige noch das tierische Ich. Wir können es als das I n d i v i d u a l-I c h bezeichnen, weil es für den Menschen, als einmaliges, unwiederholbares Individuum, am meisten charakteristisch ist.

Die anderen Ziele sind dem Menschen g e g e b e n, er fühlt sich gezwungen, zu ihnen zu streben, oft sogar gegen die Wünsche und Absichten seines Individual-Ichs. „Ich tue nicht das, was ich will, sondern was ich hasse, das tue ich", sagt der Apostel P a u l u s[2]. Dementsprechend werden die Strebungen, die auf diese „gegebenen" Ziele gerichtet sind, mit dem Gefühl der Gegebenheit und der Gezwungenheit erlebt — es sind „d i e m i r g e g e b e n e n S t r e b u n g e n" nach L o s s k y.

Von den „mir gegebenen" Strebungen ist bei jedem Menschen eine unzählige Menge vorhanden. Hierher gehören alle Strebungen, die als Quelle den Leib des Individuums haben — s o m a t o g e n e Strebungen, die in zwei große

---

1) Die Grundlehren der Psychologie vom voluntaristischen Standpunkte. St. Petersburg, 2. Aufl., 1911. (Russisch).

2) An die Römer, VII, 15.

Gruppen geteilt werden können: 1.) die Gruppe der
Strebungen, deren Ziel die Erhaltung des individuellen
Lebens ist (die Strebung zur Nahrungsaufnahme, zur
Wärme u. s. w.) — die individuellen, „mir gegebenen"
Strebungen d. h. die Ichtriebe; und 2.) die Gruppe der
Strebungen, deren Endziel die Arterhaltung ist — die Genital-
resp. die Sexualtriebe.

Weil jede Strebung, wie auch jedes psychische Erlebnis
überhaupt, jemandes Strebung ist, irgend einem Subjekt,
irgend einem Ich angehört, so gehören auch die sexuellen
Strebungen einem bestimmten Ich, dem Sexual-Ich an; dieses
kann in der Beziehung zum Individual-Ich das Sub-Ich
genannt werden. Dementsprechend können die Individualtriebe (Ichtriebe) als dem individuellen Sub-Ich zugehörig
aufgefaßt werden. Da die Individualtriebe mit den Ich-
Tätigkeiten in der gemeinsamen Strebung zu demselben Ziel
der Selbstbehauptung (Egoismus, Wille zur Macht)
zusammenfließen, so sind die Konflikte zwischen dem Individual-Ich und dem Individual-Sub-Ich verhältnismäßig selten
und bei weitem nicht so wesentlich, wie die Konflikte
zwischen dem Ich und dem Sexual-Ich.

Außer den somatogen gegebenen Strebungen erlebt jeder
Mensch noch viele andere Strebungen, die denselben Charakter
der Gegebenheit und der Gezwungenheit besitzen, deren
Quelle aber nicht im Leibe des Menschen liegt: dieser Art
sind z. B. die ethischen Forderungen resp. Verbote. Der
bekannte Professor des Staatsrechtes an der Universität
St. Petersburg Petraschitzky schreibt:

> Die ethischen Forderungen „haben einen besonderen mystisch-
> autoritativen Charakter: sie stehen unseren anderen emotiven Be-
> wegungen, den Appetiten, Strebungen, Begierden gegenüber und wider-

streben ihnen, als Impulse, die mit der Aureole des Höchsten und der
Autorität umgeben sind; diese Impulse scheinen aus einer unbekannten,
von unserem gewöhnlichen Ich verschiedenen, geheimnis-
vollen Quelle zu stammen . . . . Die menschliche Sprache, die Poesie,
Mythologie, Religion, die metaphysischen Systeme sind Abbildungen,
Interpretationen und Übersetzungen dieser charakteristischen Eigenschaften
der ethischen Emotionen in die Sprache der Vorstellungen und zwar in der
Richtung und in dem Sinne, daß neben unserem Ich in diesen
Fällen noch ein anderes Wesen vorhanden ist, irgend eine Stimme
zu uns spricht *(conscientia*, Gewissen[1], die Stimme des Gewissens, dem
Gewissen gehorchen, das Gewissen fürchten usw., der „Dämon" des
Sokrates, „das metaphysische Ich" nach Kant.) Diese zu unserem Ich
sprechende Stimme scheint von einem höheren Wesen auszugehen;
die religiöse Psychik der Völker schreibt diese Stimme den Göttern zu,
die monotheistischen Religionen Gott, die metaphysische Philosophie
schafft ihr metaphysische Personifizierungen (‚die Natur‘, ‚die Vernunft‘, ‚der
Wille‘ als metaphysische Wesen; ‚der objektive Geist‘ usw.); die posi-
tivistische und skeptische Psychik derjenigen, die jedem Mystizismus
fremd bleiben wollen, schaffen dieser Stimme dennoch mystische Personifizierungen: ‚der Volksgeist‘, der gemeinsame Wille . . . ." [2]

Während Petraschitzky im Menschen das Vorhandensein der höheren ihm gegebenen Strebungen anerkennt,
verneint er jedes reale Substrat dieser Strebungen. Dennoch
haben wir ein reales Substrat für die ethischen Strebungen
und das ist die Menschheit in ihrem Ganzen. Der Mensch
existiert nicht allein und hat nie allein existiert. Der Mensch
ist ein Teil des Ganzen: seiner Familie, seiner Volksklasse,
seines Volkes, seines Staates, der ganzen Menschheit. Die
Menschheit als Ganzes, gewissermaßen als organische Einheit, stellt eben dieses Substrat, dieses Supra-Ich, dar, dem

---

1) In Ge-wissen entspricht die Vorsilbe *ge* den lateinischen Vorsilben
cum-, con-, co-. Das entsprechende russische Wort *sso-vjest* hat dieselbe Struktur.

2) Das Zitat ist dem Buche von N. O. Lossky entnommen: „Die Be-
gründung des Intuitivismus". 2. Auflage. St. Petersburg 1908. (Russisch).

als ihrer nächsten Quelle, die höheren Strebungen des Individuums entstammen. Als die allernächste Quelle der ethischen oder, genauer zu sagen, der s o z i a l - e t h i s c h e n Strebungen, ist im Anschluß an F r e u d „der kritische Einfluß der Eltern" zu betrachten, „an welche sich im Laufe der Zeiten die Erzieher, Lehrer und als unübersehbarer, unbestimmbarer Schwarm alle anderen Personen des Milieus (die Mitmenschen, die öffentliche Meinung) anschließen."[1] Die sozial-ethischen Forderungen, die vom Individual-Ich a s s i m i l i e r t sind, bilden in seiner Seele eine mehr oder minder autonome Gruppe von Strebungen (Forderungen), die auch als S u p r a - I c h bezeichnet werden kann. Dieses innerseelische Supra-Ich ist ein Repräsentant der höheren Mächte in der Menschenseele. In diesem letzten, p s y c h o l o g i s c h e n Sinne werden wir die Bezeichnung Supra-Ich hier weiter gebrauchen; ebenso wie wir unter Sub-Ich nicht den Leib, sondern seine Repräsentanz in der Seele verstehen werden.

Das Individual-Ich kann sich den sittlichen Strebungen widersetzen. Ein Seelenkonflikt ist nicht nur zwischen dem Ich und dem Sexual-Ich, sondern auch zwischen dem Ich und dem Supra-Ich möglich. Das sittliche Verbot lautet: „töte nicht!", aber das Ich Raskolnikows („Schuld und Sühne" von D o s t o j e w s k y) sagt, daß man die alte Wucherin zum Wohl der Menschen töten darf. Und Raskolnikow führt einen dauernden schweren Kampf mit seinen ethischen Strebungen.

Das Bereich der höheren „gegebenen" Strebungen enthält nicht allein ethische Forderungen; hierher gehören auch die wissenschaftlichen, ästhetischen, religiösen Strebungen u. a. m.

---

[1] Zur Einführung des Narzißmus (1911). Sammlung kleiner Schriften zur Neurosenlehre. Vierte Folge. Leipzig und Wien 1918. S. 105.

Wir unterscheiden also in der Menschenseele d r e i
Gruppen von Strebungen: „meine" Strebungen, die somatogenen „mir gegebenen" Strebungen und die ethischen
„mir gegebenen" Strebungen.[1] Dementsprechend unterscheiden wir d r e i I c h : das Individual-Ich, das (Sexual-)
Sub-Ich und das (ethische) Supra-Ich. Diese Unterscheidung
entspricht Tolstois Formel: Nechljudow, der tierische Mensch,
der geistige Mensch.

Man muß beachten, daß ein und dieselbe Aktion bei
verschiedenen Individuen durch verschiedene Strebungen,
bezw. verschiedene Ich hervorgerufen werden kann. So ist
z. B. für den einen die Eheschließung eine Aktion des Individual-Ichs, — Vernunftheirat; für den andern ist sie eine
Aktion des Sexual-Ichs, — Liebesheirat. Der eine stiehlt
nicht, mit Rücksicht auf unangenehme Folgen, Strafe usw.,
der andere kann überhaupt nicht stehlen, weil sein Supra-
Ich zu gebieterisch ist und jede Überlegung und jeden
Zweifel ausschließt.

Um möglichst scharf den Begriff des Individual-Ichs
zu präzisieren, achten wir darauf, daß wir unter der P e r -
s ö n l i c h k e i t im weitesten Sinne des Wortes, im Anschluß
an J a m e s, all das verstehen können, was die betreffende
Person als ihr angehörend betrachtet: sich selbst, ihr Kleid,
ihr Haus, ihr Gut, ihr Geld, ihre Werke, Frau und Kind,
Vorfahren und Freunde usw. Wenn wir aus diesem Zusammenhang all das, was die Ausstrahlungen des Individuums darstellt, wegnehmen, so bleibt das Individuum selbst übrig,
in dem wir Leib und Seele unterscheiden. Von dem Indi-

---

[1] L o s s k y stellt drei charakterologische Gruppen fest: a) sinnliche
Menschen (mit Überwiegen der somatogenen Strebungen); b) egozentrische
Menschen: c) überpersönliche Menschen (mit Überwiegen der höheren Strebungen).

viduum können wir den Leib wegdenken, dann bleibt die
Seele übrig. Aber im Bereiche der Seele selbst können wir
„meine" und „mir gegebene" Strebungen unterscheiden. Sub-
trahieren wir die „mir gegebenen" Strebungen, so bleiben
„meine" Strebungen und das dazu gehörende Subjekt —
das Individual-Ich — übrig. Das Individual-Ich, das Sub-Ich
und das Supra-Ich zusammen bilden das Gesamt-Ich.[1]

Wenn wir nun von der S e e l e n s t a t i k zur S e e l e n -
d y n a m i k übergehen, müssen wir unsere Aufmerksamkeit
auf die Begriffe der F o r m und der M a t e r i e lenken.
„Form und Materie" — das ist der G r u n d d u a l i s m u s
jedes Organismus.

„Aus der winzigen Eizelle, die nur unter dem Mikroskop
gut sichtbar ist, erwächst ein Wesen, das vierzig und mehr
Kilogramm wiegt. Die Eizelle der Mutter selbst hat ihren
Anfang — zugleich mit vielen Millionen anderer Zellen —
von einer ebensolchen Eizelle der Großmutter genommen,
die der Großmutter ihrerseits von der Urgroßmutter, usw.
Indem wir das Schicksal der Teile, aus denen wie das Ei,
so auch der aus ihm erwachsende Organismus besteht, in
Gedanken verfolgen und die Tatsache des Stoffwechsels be-
rücksichtigen, kommen wir leicht zu dem Schlusse, daß alle
Substanzen, alle chemischen Verbindungen, die im gegebenen
Moment vorhanden sind, verhältnismäßig wenige Jahre vorher
an verschiedenen Orten der Natur zerstreut waren und von

---

[1] Im gewöhnlichen Sprachgebrauche unterscheidet man auch zwischen
dem Individuum im Ganzen genommen und dem Individual-Ich. So könnte
man meinen, daß im Ausdrucke „ich selbst" „ich" das Individual-Ich bezeichnet, und „selbst" die anderen Ich deckt, so daß der ganze Ausdruck „ich
selbst" dem Gesamt-Ich entspricht. Dennoch muß man sagen, daß der gewöhnliche Sprachgebrauch diesen Ausdruck nicht eindeutig versteht. In dem wohl-
bekannten Ausrufe Montaigres: *Que Dieu me défende de moi-même!* versteht
Montaigne unter *moi-même* das Sub-Ich. Und anderseits versteht man im Satz
„das mache ich selbst" unter „selbst" das Individual-Ich.

dort entnommen wurden, so daß es kein einziges Teilchen
gibt, welches das unentreißbare Eigentum des menschlichen
Organismus darstellte. Der Körper des Menschen wird aus
ihm fremdem Material gebildet . . . Dasjenige Material, aus
dem der Organismus gebaut wird, kann seine Materie
genannt werden. An und für sich kann es ein selbständiges
eigenes Leben besitzen, aber für unseren Körper ist es nur
Materie. In dieser Weise ist der Begriff der Materie relativ.
. . . Wie schon gezeigt wurde, ist für deu gegebenen Körper
die gegebene Materie fremd, zufällig. Es ist evident, daß
irgend eine für sie äußerliche Kraft die zerstreuten Teile
anzieht, sie verbindet und in gewisser Weise verteilt. Dies
verbindende Etwas, das den Organismus zum Körper, zu einer
Einheit und dazu zu einer Einheit ganz bestimmter Art
macht, diese Ursache des gegebenen Seins, αἴτιον τοῦ εἶναι
nach dem Ausdruck des Aristoteles, können wir, im Anschluß
an ihn Form nennen . . . Also ist der Organismus ein zu-
sammengesetztes Ganzes, in welchem wir die materiellen
Teile und die Form unterscheiden."[1]

Was ist denn eine Form? Selbstaktivität. Einerseits ist der Organismus die Form, die die Materie organisiert,
andererseits ist er für sich selbst das Ich, das die zu ihm
gelangenden Reize organisiert. „Am ehesten kann man das
Ich als etwas Aktives charakterisieren: als Kraft, Streben,
Wollen, das seine Aktivität aus sich selbst schöpft, aber
in seiner Tätigkeit durch fremde Elemente, durch die
Gegenkraft, nach L. Lopatin's bildlichem Ausdruck,
bestimmt wird."[2] Das Individual-Ich ist, wie ein jedes Ich,

---

1) Wl. Karpow. Die Grundzüge der organischen Naturauffassung. Russisch.
2) Wl. Karpow. a. a. O.

selbstaktiv. Selbstaktiv sind auch das Sub-Ich, das Supra-Ich und die fremden Ich. Für jedes Ich ist die Tendenz charakteristisch, sich des ganzen Körpers und der ganzen Seele des Individuums bemächtigen zu wollen. In Beziehung zum Individual-Ich stellen alle anderen Ich das transsubjektive Milieu dar: und zwar Sub-Ich und Supra-Ich — das innerseelische transsubjektive Milieu, die fremden Ich — das außerseelische transsubjektive Milieu. Die Reizungen, die von dem innerseelischen Milieu ausgehen, unterscheiden sich von jenen des außerseelischen Milieus dadurch, daß das Individual-Ich vor ihnen nicht einfach davonlaufen kann, wie Freud feinsinnig bemerkt.[1] Die gegenseitigen Verhältnisse aller eben genannten Ich bilden ein System von Kraftzentren, innerhalb dessen der Ablauf des Seelenlebens stattfindet. Solange das Individual-Ich die Antriebe des Sub-Ichs, die Forderungen des Supra-Ichs, sowie die Reizungen seitens der fremden Ich beherrscht, heißen wir den psychischen Zustand des Individuums normal; dabei spielt das Individual-Ich die Rolle der Form und die anderen Ich die der Materie. Wenn diese Rolle der Form dem Individual-Ich mißlingt, so entsteht ein Seelenkonflikt, d. h. das Leben des Individuums unterliegt entweder dem Supra-Ich oder dem Sub-Ich und das Individuum führt dann ein einseitiges Leben: ein asketisches, beziehungsweise ein ausschweifendes. In diesen letzten Fällen ist nicht wie in der Norm das Individual-Ich die Form im Aristoteles-Karpow'schen Sinne, sondern das Supra-Ich, bezw. das Sub-Ich, während das Individual-Ich in die Lage der Materie versetzt wird. Solche Änderungen im Seelen-

---

1) Triebe und Triebschicksale. Sammlung kleiner Schriften zur Neurosenlehre. Vierte Folge.

leben sind durchaus möglich, denn wir wissen, daß „Form und Materie" relative Begriffe sind.

Soviel über die S e e l e n d y n a m i k.

Beachten wir nun weiter, daß das Individual-Ich eine z w e i f a c h e Verbindung mit seinen Erlebnissen besitzt, wie L o s s k y, besonders in seinen letzten Arbeiten, hervorhebt.

1) Das Ich erlebt den einen oder anderen Zustand — die E r l e b e n s b i n d u n g.

2) Das Ich kennt diese Erlebnisse teilweise — die W i s s e n s b i n d u n g.

Die Fähigkeit des Ichs, Stoffe und Eindrücke zu assimilieren, Reize, Antriebe, Forderungen zu verglei-chen und zu kombinieren, Ziele zu stellen und Impulse zu ihrer Realisierung zu geben — all das erwächst in der Seele von selbst wie eine Urkraft. Das ist die Erlebens-bindung des Ichs. „Das Wissen erscheint post factum, nimmt den Niederschlag des Lebens, der schon in die Ewigkeit getaucht ist, entrollt ihn, zergliedert, vergleicht. Und diese sekundäre Tätigkeit ist auch ein Akt unseres Ichs, in dem es sich mittelbar wahrnimmt, wie etwas Vergangenes, wie die Form, welche das Leben dem Schöpfungsprodukt gegeben, während es sich mit ihm zusammen abgesondert hat."[1] Mit anderen Worten, das Seelenleben als solches verläuft u n-b e w u ß t,[2] einerlei ob es die Betätigungen des Individual-Ichs, des Sub-Ichs oder des Supra-Ichs darstellt, und nur im sekundären seelischen Prozesse des B e w u ß t m a c h e n s seitens des Individual-Ichs wird das Seelenleben zum bewußten

---

[1] Wl. K a r p o w, a. a. O.

[2] Über die Rechtfertigung des Unbewußten siehe F r e u d: „Das Unbewußte" und „Einige Bemerkungen über den Begriff des Unbewußten". Sammlung kleiner Schriften, Vierte Folge.

Leben. In diesem letzten Falle lebt das Individual-Ich nicht
nur, sondern stellt sich auch das Erlebte vor; aus dem sich
einfach erlebenden Leben wird ein vorgestelltes Leben.
Das vorgestellte, bezw. das bewußte, Leben deckt bei weitem
nicht das unbewußte Leben. Das Wissen und das Erleben
sind zwei nach ihrer psychologischen Natur ganz verschiedene
Dinge, auch wenn sie den nämlichen Inhalt haben.

Wenn wir das von uns Ausgeführte auf die zu Anfang
des Kapitels wiedergegebene Formel Tolstois über seine
Seelenerlebnisse anwenden, so können wir sagen, daß Tolstoi
sich nicht liebt, im Gegenteil sich beschimpft, sich haßt,
d. h. daß seine Libido (die Sexualenergie) gegen sein
Individual-Ich gerichtet ist. Als Resultat dieses Selbsthasses
erscheint die Strebung des Individual-Ichs zur Veränderung.
Das Individual-Ich stellt sich als Ziel seine Selbstreinigung
und nimmt deswegen eine Reihe von Handlungen vor, stellt
sich als Ziel ein Leben nach bestimmten Idealen; folglich
liebt zu dieser Zeit das Sexual-Ich die idealen Forderungen,
bezw. liebt nicht das wirkliche Ich, sondern das Ideal-Ich.
Aber da ziehen die Verlockungen des Lebens, eigentlich die
fremden Ich (die Frauen) die Libido an sich. Tolstois Leben
wird durch das Sexual-Ich, durch dessen Besetzungen mit
fremden Objekten, geformt. Nach einiger Zeit verurteilt das
Individual-Ich, unter dem Einflusse des Supra-Ichs, dieses
Leben. Die Libido wendet sich von ihrem aktuellen Ich
weg und richtet sich wieder auf das Ideal-Ich und insofern
das aktuelle Ich den Idealen folgt, bewundert das Sexual-Ich
das Gesamt-Ich des Individuums (Narzißmus). So bildet also
die Libidoverteilung auf das System des Ichs das
Hauptmoment für die Charakteristik der Persönlichkeit.

Das erste dichterische Werk von Leo Tolstoi — die Erzählung „Kindheit" — wurde im Jahre 1852 geschrieben. Damals war der Autor 24 Jahre alt. Zuerst betitelte Tolstoi dieses Werk: „Die Geschichte meiner Kindheit." Und wirklich trägt diese Erzählung in sehr hohem Grade autobiographischen Charakter; wenigstens im psychologischen Sinne ist dieses Werk einer Autobiographie gleichwertig. Der bekannte Tolstoi-Biograph B i r j u k o w schreibt: „Was die Beschreibung des Innenlebens seines kindlichen Helden anbelangt, so können wir getrost behaupten, daß der Dichter, in dieser oder jener Art alle Erlebnisse seines Helden durchlebte, was uns wohl das Recht verleihen dürfte, sie als Anhaltspunkte für unsere Biographie zu benützen."[1] Der 24jährige Autor wollte sich in seinem Leben umsehen und sich die Erlebnisse seiner stürmischen Seele in ihren ewigen Übergängen von Selbstentzücken zur Selbsttäuschung klarmachen. Die Erzählung „Kindheit" beginnt so: „Am 12. August 18 . . , genau am dritten Tag nach meinem Geburtstag, an welchem ich 10 Jahre alt geworden war . . . ." Warum beginnt Tolstois Erzählung mit dem zehnten Lebensjahr? F r e u d hat unsere Aufmerksamkeit auf eine interessante psychologische Tatsache gelenkt, auf das F e h l e n d e r E r i n n e r u n g e n a n d i e e r s t e n J a h r e unseres Lebens. F r e u d schreibt: „ . . . die eigentümliche Amnesie, welche den meisten Menschen (nicht allen!) die ersten Jahre ihrer Kindheit bis zum 6. oder 8. Lebensjahre verhüllt. Es ist uns bisher noch nicht eingefallen, uns über die Tatsache dieser Amnesie zu verwundern; aber wir

---

[1] Leo N. Tolstois Biographie und Memoiren. Autobiographische Memoiren. Briefe und biographisches Material. Herausgegeben von Paul B i r j u k o w und durchgesehen von Leo T o l s t o i. I. Bd., Kindheit und frühes Mannesalter. Wien, 1906. II. Bd. 1909.

hätten guten Grund dazu. Denn man berichtet uns, daß
wir in diesen Jahren, von denen wir später nichts im
Gedächtnis behalten haben als einige unverständliche Er-
innerungsbrocken, lebhaft auf Eindrücke reagiert hätten, daß
wir Schmerz und Freude in menschlicher Weise zu äußern
verstanden, Liebe, Eifersucht und andere Leidenschaften gezeigt,
die uns damals heftig bewegten, ja, daß wir Aussprüche getan,
die von den Erwachsenen als gute Beweise für Einsicht und
beginnende Urteilsfähigkeit gemerkt wurden. Und von alle-
dem wissen wir als Erwachsene aus eigenem nichts. Warum
bleibt unser Gedächtnis so sehr hinter unseren anderen
seelischen Tätigkeiten zurück? Wir haben doch Grund zu
glauben, daß es zu keiner anderen Lebenszeit aufnahms- und
reproduktionsfähiger ist als gerade in den Jahren der Kindheit."[1] Leo Tolstoi suchte immer eine klare, genau formulierte
Antwort auf alle bei ihm entstehenden Fragen, und da er
kein genügendes Material für bestimmte Antworten auf seine
Erlebnisse vor seinem zehnten Lebensjahre fand, läßt er seine
Erzählung erst mit diesem Zeitpunkt einsetzen. Und dennoch
beschäftigte Tolstoi die Frage der Erinnerungen aus früherer
Zeit. In der „Kindheit" gibt es ein Kapitel, welches einer
früheren Periode, etwa dem Alter von 5—4 Jahren, gewidmet
ist und in der letzten Zeit sind autobiographische Notizen
Tolstois veröffentlicht worden, welche den ersten Lebenserinnerungen gewidmet sind und in denen Tolstoi die infantile Amnesie gleich F r e u d feststellt. Diese Skizzen sind
für die Persönlichkeit und die Tätigkeit Tolstois so interessant und im allgemein-psychologischen Sinne so wichtig,
daß es sich lohnt, sie vollständig und in w ö r t l i c h e r Über-

---

1) Drei Abhandlungen zur Sexualtheorie. 4. Aufl., Leipzig und Wien, 1920, S. 40.

setzung anzuführen.[1] Die „Ersten Erinnerungen" waren zuerst
in P. B i r j u k o w s Tolstoi-Biographie veröffentlicht worden.
Von zwei Bänden dieser Biographie besteht eine deutsche
Übersetzung, die, zum Lesen ganz geeignet, für die psycho-
logische Analyse aber einiger Korrekturen (in der Richtung
getreuerer Anpassungen an den Originaltext) bedarf. Die von
Birjukow geschriebene Biographie hat unter anderem eine
wichtige positive Seite: der Autor stand in persönlichen
Beziehungen zu Leo Tolstoi. Wie es im Titel heißt, ist
Birjukows Arbeit von Tolstoi selbst durchgesehen. Aber dieser
Umstand verursacht auch den wesentlichen Defekt der ganzen
Arbeit. Birjukow ist Tolstois Nachfolger, teilt alle seine
Ansichten der nachkritischen Periode und darum betrachtet
er die vorkritische Periode mit den Augen des Tolstoismus.
Kurz gesagt, Birjukow fühlt sich als Besitzer der Wahrheit und
darum fällt er Lob und Tadel einzig vom Standpunkte dieser
Wahrheit aus.

Noch eine Bemerkung über die Einteilung von Tolstois
Leben in Perioden. „In meinem Entwurfe (der Biographie)
erläuterte ich den Plan," schreibt Birjukow, „das menschliche
Leben in Zeiträume von je 7 Jahren einzuteilen. Ich hatte
einst von Tolstoi selbst gehört, er glaube daran, daß —
wie die Physiologen das menschliche Leben in Perioden von
je 7 Jahren einteilen — auch das psychische Leben dieselben
Perioden des Wachstums habe und daß jede Periode von je
7 Jahren ihren eigenen physiognomischen Charakter trage."[2]
Dennoch teilte Tolstoi selbst sein Leben anders ein:

1) Die Übersetzung dieser Erinnerungen sowie aller anderen Zitate aus
dem Russischen, stammt von Frau V. R i a b o w, der ich auch hier meinen
herzlichen Dank dafür ausspreche.
2) B i r j u k o w, I, 6.

„Indem ich meinem Leben diesen Spiegel vorhielt, das heißt, indem ich es vom Standpunkte des Guten und des Übels, das ich getan hatte, prüfte, sah ich, daß sich mein ganzes langes Leben in v i e r Perioden auflöst. In jene — besonders im Vergleiche zu den darauf folgenden — herrliche, jene unschuldige, frohe, poetische Zeit der Kindheit bis zum vierzehnten Jahre. Dann die zweite, jene furchtbaren zwanzig Jahre, die Periode roher Ausschweifung, der Frondienste des Ehrgeizes und der Eitelkeit, und vor allem der Sinnlichkeit. Dann die dritte, achtzehn Jahre umfassende Periode, von meiner Heirat an bis zu meiner geistigen Geburt, eine Periode, die man vom weltlichen Gesichtspunkte aus moralisch nennen könnte; ich will sagen, daß ich während dieser achtzehn Jahre ein geregeltes, anständiges Familienleben lebte, ohne mich irgendwelchen von der öffentlichen Meinung verdammten Lastern hinzugeben, nichts destoweniger war dies eine Periode, in der sämtliche Interessen auf egoistische Familiensorgen gerichtet waren, auf die Vermehrung des Vermögens, literarische Erfolge und auf Genuß jeder Art. Und dann, dem Ende zu, gestaltet sich noch eine vierte Periode von zwanzig Jahren, in welcher ich jetzt lebe und in welcher ich zu sterben hoffe, und von deren Gesichtspunkten aus ich all die Bedeutung meines vergangenen Lebens abmesse, und die ich in nichts zu ändern wünschen würde, es sei denn in jenen Gewohnheiten des Übels, die mir aus früheren Jahren anhaften." [1]

Diese Einteilung Kindheit — Sturm- und Drangperiode — Familienleben — nachkritische Periode — werden auch wir in unserer Arbeit benutzen, natürlich ohne Stellungnahme zu Tolstois Werturteilen über diese Perioden.

---

1) Geschrieben am 6. Jänner 1905. B i r j u k o w, I, 17.

II

DIE „ERSTEN ERINNERUNGEN" [1]

Ich bin im Dorfe Jassnaja Poljana geboren und habe dort meine erste Kindheit zugebracht. Da sind meine ersten Erinnerungen (die ich der Reihe nach zu ordnen nicht vermag, weil ich nicht weiß, was früher, was später war; von manchem weiß ich sogar nicht, ob es im Traume oder im Wachen geschah). Da sind die Erinnerungen: Ich bin zusammengebunden; ich möchte meine Arme freimachen und ich kann es nicht tun und ich schreie und weine und mein Geschrei ist mir selbst unangenehm; aber ich kann nicht aufhören. Jemand steht über mich gebückt, ich erinnere mich nicht, wer es ist. Und das alles im Halbdunkel. Aber ich erinnere mich, daß es zwei sind. Mein Geschrei wirkt auf sie, sie beunruhigen sich wegen meines Schreiens, aber binden mich nicht los, was ich möchte, und ich schreie noch lauter. Ihnen scheint es, daß es so nötig ist (nämlich daß ich zusammengebunden sei), während ich weiß, daß es nicht nötig ist und ihnen dies beweisen will; und ich vergehe in lautem Geschrei, das mir selbst zuwider, aber unaufhaltsam ist. Ich fühle die Ungerechtigkeit und die Grausamkeit — nicht der Menschen, weil sie mich bedauern [2], aber des Schicksals, und habe

---

1) „Erste Erinnerungen". (Aus autobiographischen Skizzen 1878. Gesammelte Werke von Leo Tolstoi. Band I. Berlin 1921.) (Russ.)

2) Das russische Zeitwort *jaljet* („*j*" soll vor „*a*" wie im französischen *journal* lauten) hat nicht nur den Sinn „bedauern", „Mitleid haben", sondern auch „lieben".

Mitleid mit mir selbst. Ich weiß nicht und werde es nie erfahren, was es
eigentlich war: wickelte man mich, als ich ein Säugling war und be-
freite ich meinen Arm oder war es, daß man mich wickelte, als ich
schon älter, ein Jahr alt war, damit ich meine Flechten nicht kratze;
habe ich viele Eindrücke, wie es im Traume geschieht, in diese eine
Erinnerung gesammelt: jedenfalls ist das eine wahr, daß es mein erster
und stärkster Lebenseindruck war. Und erinnerlich ist mir nicht mein
Geschrei, nicht das Leiden, sondern die Kompliziertheit und die Gegensätzlichkeit des Eindruckes. Ich will Freiheit, sie stört niemanden und
ich, der Kraft braucht, ich bin schwach und sie sind stark.

Ein anderer Eindruck ist ein fröhlicher. Ich sitze im Trog und
mich umgibt ein neuer, nicht unangenehmer Geruch von irgend einem
Stoff, mit welchem man meinen kleinen Körper reibt. Wahrscheinlich
war es Kleie und sie war im Wasser und im Trog, aber die Neuheit
der Eindrücke von der Kleie weckte mich, und ich bemerkte zum erstenmal
meinen kleinen Körper und fing an, ihn mit seinen mir an der Brust
sichtbaren Rippen zu lieben und auch den glatten, dunklen Trog, die
entblößten Arme meiner Njanja, das warme, laue, schreckliche Wasser,
sein Geräusch und besonders die Empfindung der Glattheit der nassen
Ränder des Trogs, wenn ich mit den Händchen über sie fuhr.

Es ist sonderbar und schauderhaft zu denken, daß ich von meiner
Geburt bis zum Alter von drei Jahren, in der Zeit, als ich an der Brust
saugte, als man mich von der Brust abnahm, als ich zu kriechen, zu
gehen, zu sprechen anfing, wieviel ich auch in meinem Gedächtnis
suche, keinen einzigen Eindruck außer jenen beiden finden kann. Wann
habe ich denn angefangen? Wann fing ich zu leben an? Und warum ist
es mir fröhlich, mir mein damaliges Ich vorzustellen, es war mir doch
schrecklich, — wie es auch jetzt vielen schrecklich ist, — mich mir selbst
in der Zeit vorzustellen, in der ich wieder in diesen Zustand des Todes
eintreten werde, von dem es keine in Worten auszudrückenden Erinnerungen gibt? Lebte ich denn damals nicht, als ich sehen, hören,
verstehen, sprechen lernte, als ich schlief, an der Brust saugte, die Brust
küßte und lachte und meine Mutter erfreute? Ich lebte und lebte glückselig! War es nicht damals, daß ich all dasjenige erwarb, wodurch ich
jetzt lebe, und so viel und so schnell erwarb, daß ich im ganzen
übrigen Leben auch nicht den hundertsten Teil davon erworben habe?

Vom fünfjährigen Knaben bis zu mir ist nur ein Schritt; vom Neugeborenen bis zum fünfjährigen — eine riesige Entfernung; vom Embryo bis zum Neugeborenen — ein Abgrund. Aber die Nichtexistenz und den Embryo trennt schon kein Abgrund, sondern Unfaßbarkeit. Es bedeutet wenig, wenn man sagt, daß Raum, Zeit und Kausalität Denkformen sind und daß das Wesen des Lebens außerhalb dieser Formen liegt, sondern unser ganzes Leben ist eine immer mehr und mehr gesteigerte Unterwerfung unter diese Formen und dann wieder eine Befreiung von ihnen.

Meine nächsten Erinnerungen gehören schon ins Alter von 4—5 Jahren, aber deren sind auch sehr wenige und keine von ihnen bezieht sich auf das Leben außerhalb der Hauswände. Die Natur existierte bis zu meinem 5. Jahre für mich nicht. Alles, woran ich mich erinnere, alles geschieht im Bettchen, im Zimmer. Das Gras, die Blätter, der Himmel, die Sonne existierten nicht für mich. Es ist unmöglich anzunehmen, daß man mich nicht mit Blumen, mit Blättern hatte spielen lassen, daß ich kein Gras gesehen, daß man mich nicht vor der Sonne geschützt hätte, aber bis zu meinem fünften, sechsten Jahre habe ich keine einzige Erinnerung an das, was wir Natur nennen. Wahrscheinlich muß man sich von ihr entfernen, um sie zu sehen, und ich war selbst die Natur.

Die nächste Erinnerung nach dem Trögchen ist die Erinnerung an „Jeremejewna". „Jeremejewna" war ein Wort, mit welchem man uns Kinder schreckte, aber meine Erinnerung an sie ist folgende: ich bin im Bettchen und mir ist froh und wohl zu Mute, wie immer, und ich würde mich dessen nicht erinnern, aber plötzlich sagt Njanja oder jemand von denen, die mein Leben ausmachen, etwas mit einer für mich neuen Stimme und geht fort, und es wird mir nicht nur fröhlich, sondern auch ängstlich zu Mut. Und ich erinnere mich, daß ich nicht allein bin, sondern mit noch jemandem, solch einem Wesen wie ich. (Es ist wahrscheinlich meine um ein Jahr jüngere Schwester Maschenka, deren Bettchen in unserem Zimmer stand.) Und ich erinnere mich, daß es einen Vorhang bei meinem Bette gibt und zusammen mit meiner Schwester freue und ängstige ich mich über das Ungewöhnliche, das uns geschehen ist, und ich verstecke mich im Kissen, verstecke mich und gucke zur Tür, aus welcher ich etwas Neues und Lustiges erwarte. Und wir lachen und verstecken uns und warten. Und da erscheint

jemand in Kleid und Haube, so wie ich es nie gesehen habe, aber ich
erkenne, daß es dieselbe Person ist, die immer mit mir ist (ob Njanja
oder meine Tante, weiß ich nicht), und diese Person spricht mit einer
groben Stimme, die ich kenne, etwas Schreckliches über böse Kinder
und über Jeremejewna. Ich heule vor Schrecken und Freude und erschrecke und freue mich wirklich zugleich, daß mir graut, und ich
will, daß diejenige, welche mich erschreckt, nicht erfahre, daß ich sie
erkannt habe. Wir werden still, aber fangen später absichtlich wieder
zu flüstern an, um wieder Jeremejewna herbeizurufen.

Ich habe eine andere Erinnerung, die der an Jeremejewna gleich ist,
wahrscheinlich eine spätere, weil sie klarer ist; aber für mich blieb sie
immer unbegreiflich. In dieser Erinnerung spielt der Deutsche Fedor
Iwanowitsch, unser Lehrer, die Hauptrolle, aber ich weiß bestimmt,
daß ich mich noch nicht unter seiner Aufsicht befand, also geschah
es vor meinem fünften Jahre. Und das ist mein erster Eindruck von
Fedor Iwanowitsch, und er erfolgte so früh, daß ich mich noch an
niemanden, — weder Brüder noch Vater — erinnere. Wenn ich auch
eine Vorstellung von einer einzelnen Person habe, so ist es nur die
meiner Schwester, und auch nur darum, weil sie ebenfalls wie ich sich
vor Jeremejewna fürchtete. Mit dieser Erinnerung verbindet sich bei
mir auch die erste Vorstellung davon, daß unser Haus einen oberen
Stock besitzt. Wie ich dahin geriet, ob ich selbst hinaufgestiegen bin,
oder ob mich Jemand hingebracht hat, ich weiß gar nichts, ich erinnere
mich aber, daß unser viele sind, wir halten uns alle im Reigen,
Hand in Hand, unter uns sind fremde Frauen (ich weiß nicht, warum
es mir erinnerlich ist, daß es Wäscherinnen sind), und wir fangen alle
an, uns zu drehen, zu hüpfen und Fedor Iwanowitsch springt, die Beine
zu hoch hebend, und zu geräuschvoll und laut und in einem und demselben
Augenblick fühle ich, daß es nicht gut, daß es unsittlich ist, und ich bemerke ihn und fange wie mir scheint zu weinen an, und alles nimmt ein Ende.

Das ist alles, woran ich mich bis zum Alter von 5 Jahren erinnere.
Weder von meinen Njanjas, Tanten, Geschwistern, noch von meinem
Vater, von den Zimmern und Spielzeugen — von nichts weiß mein
Gedächtnis. Mehr bestimmte Erinnerungen beginnen bei mir von der
Zeit an, wo man mich nach unten zu Fedor Iwanowitsch und den
älteren Knaben übersiedelte.

Bei meiner Versetzung nach unten zu Fedor Iwanowitsch und den
Knaben empfand ich zum erstenmal, und darum stärker als jemals
später, das Gefühl, das man das Pflichtgefühl, das Gefühl des Kreuzes
nennt, das zu tragen jeder Mensch berufen ist. Mir tat es leid, das
Bekannte (das seit Ewigkeit Bekannte) zu verlassen, traurig war es,
poetisch traurig, nicht so sehr von den Leuten — der Schwester, der
Njanja, der Tante zu scheiden, wie von dem Bettchen, dem kleinen Vorhang, den Kissen, und furchtbar war das neue Leben, in welches ich
eintrat. Ich bemühte mich, Lustiges in dem neuen Leben, welches mich
erwartete, zu finden; ich bemühte mich, den freundlichen Reden, mit
denen Fedor Iwanowitsch mich zu sich lockte, zu glauben, bemühte
mich, die Verachtung, mit der die Knaben mich, den jüngsten zu sich
nahmen, nicht zu sehen; bemühte mich zu denken, daß es eine Schande
sei für einen großen Knaben, mit Mädchen zu wohnen, daß es nichts
Gutes in dem Leben oben mit der Njanja gab; aber in meiner Seele war es
furchtbar traurig, und ich wußte, daß ich unwiederbringlich die Unschuld
und das Glück verlor, und nur das Gefühl der Selbstwürde, das Bewußtsein,
daß ich meine Pflicht erfülle, stützte mich. Später im Leben geschah
es mir oftmals, daß ich solche Augenblicke an Kreuzwegen des Lebens,
neue Pfade antretend, erlebte. Ich empfand stille Trauer über die Un-
wiederbringlichkeit des Verlorenen. Ich glaubte immer nicht, daß es
geschehen werde, obgleich man mir davon gesagt hatte, daß man mich
zu den Knaben bringen würde; aber ich erinnere mich, daß der Schlafrock
mit den am Rücken angenähten Hosenträgern, den man mir anzog, mich
wie auf immer von oben abgeschnitten hatte, und ich bemerkte hier
zum erstenmal nicht alle diejenigen, mit denen ich oben wohnte, aber
die Hauptperson, mit der ich lebte und welche ich früher nicht verstanden hatte. Das war meine Tante Tatjana Alexandrowna. Ich erinnere
mich ihrer, der nicht hochgewachsenen, starken, schwarzhaarigen,
guten, zarten, mitleidigen Frau. Sie zog mir den Schlafrock an, umgürtete mich und ich sah, daß sie dasselbe fühlte wie ich, daß es
ihr leid, furchtbar leid tat, aber so sein sollte. Zum erstenmal fühlte
ich, daß das Leben keine Spielsache, sondern eine schwere Sache sei
— werde ich nicht, wenn ich sterben werde, dasselbe fühlen, verstehen,
daß der Tod oder das zukünftige Leben kein Spielzeug, sondern eine
schwere Sache ist?

Diese autobiographischen Skizzen haben für den Psychologen, besonders aber für den Psychoanalytiker einen besonderen Wert dadurch, daß sie ohne jede Tendenz geschrieben sind. Sie stellen eine Reihe von f r e i s t e i g e n d e n Erinnerungen dar. Der 50jährige Tolstoi bemüht sich, sein Leben vom ersten Anfang an zu erinnern. Es scheint ihm, daß es der Erinnerungen genug geben wird, nur ist es schwer, sie in der Zeit zu lokalisieren, und er ist nicht ganz sicher, ob sie im Traum oder im Wachen erlebt worden seien. Aber es ergibt sich, daß bis ins Alter von 3 Jahren sich n u r z w e i Erinnerungen finden: die Wickelerinnerung und die Trogerinnerung. Der Autor bleibt mit Bewunderung vor der Tatsache der i n f a n t i l e n A m n e s i e stehen und spricht später den Gedanken aus, das Leben des Menschen unterliege den Formen von Zeit, Raum und Kausalität, wobei er diese im Sinne Kants versteht. Ferner spricht Tolstoi darüber, daß er sich bis ins Alter von 5 Jahren nicht an die Natur erinnert und erläutert diese Amnesie: „Wahrscheinlich muß man sich von ihr entfernen, um sie zu sehen, und ich war selbst die Natur." Endlich bemüht sich Tolstoi, sein weiteres Leben zu erinnern — wieder mit demselben Mißerfolg. Im Gedächtnis entstehen nur drei Erinnerungen: Jeremejewna, der Reigen und der Umzug.

III

ZWEI ALLERERSTE ERINNERUNGEN

(Das Individual-Ich und die Ich-Libido.)

Betrachten wir die erste, die Wickelerinnerung. Wir haben da: 1) das Bild; 2) den Seelenzustand; 3) die Beschreibung des Seelenzustandes; 4) die Reduzierung dieses Seelenzustandes auf eine Formel.

Es ist evident, daß die Frage über die Wahrhaftigkeit dieser Erinnerung das Bild und den Seelenzustand betreffen soll, während die Beschreibung des letzteren selbstverständlich eine Übersetzung des damaligen Zustandes in die Sprache des 50jährigen Autors ist. Selbstverständlich gehört auch die Reduzierung der Seelenerlebnisse auf eine Formel: „Kompliziertheit und Gegensätzlichkeit der Eindrücke" dem 50jährigen Autor an.

Die Wahrhaftigkeit des Bildes ruft keinen Zweifel hervor. Es bleibt nur die Frage offen, ob ein einjähriges Kind einen so komplizierten Seelenzustand erleben kann? Nach allen seinen Zweifeln sagt Tolstoi doch ganz bestimmt: „Es ist wahr, daß es mein erster und stärkster Lebenseindruck gewesen ist." Die Kompliziertheit und die Gegensätzlichkeit der

Eindrücke, bezw. der Strebungen ist ein charakteristischer
Zug von Tolstois Persönlichkeit. Der Seelenzustand beim
Gewickeltwerden: „ich möchte meine Arme freimachen und
ich kann es nicht tun und ich schreie und weine und mein
Geschrei ist mir selbst unangenehm ... Jemand steht über
mich gebückt ... ich erinnere mich, daß es zwei sind. Mein
Geschrei wirkt auf sie, sie beunruhigen sich wegen meines
Schreiens, aber binden mich nicht los ... Ihnen scheint es,
daß es so nötig ist, während ich weiß, daß es nicht nötig
ist ... Ich fühle die Ungerechtigkeit und die Grausamkeit
— nicht der Menschen, weil sie mich bedauern (lieben),
aber des Schicksals und habe Mitleid mit mir selbst" — dieser
Seelenzustand entspricht gänzlich den Zuständen, die Tolstoi
in seinem Leben oft zu erleben hatte.

Greifen wir zwei Beispiele heraus.

Tolstoi wollte seinem Reichtum entsagen (in der nachkritischen Periode), wollte sich von der materiellen Seite des
Lebens befreien. Diese Strebung entstammte hauptsächlich
seinen Überlegungen, seinem Individual-Ich (nicht seinem
Supra-Ich), er hielt es für recht zu tun — es war „meine",
aber keine „mir gegebene" Strebung. Der Verzicht auf seinen
Reichtum war für Tolstoi die Folge seiner rationalistischen
Auffassung des Christentums: „Man soll glauben, ohne Glaube
ist das Dasein unmöglich; aber man muß nicht daran glauben,
was uns die anderen sagen, sondern daran, woran zu glauben
Sie selbst durch Ihren eigenen Gedankengang, Ihre eigene
Vernunft gebracht werden."[1] Das ist aber kein Glaube, sondern
ein Vernunftschluß. So ein Vernunftschluß — eine Aktion
des Individual-Ichs — war auch sein Wunsch, sein Vermögen

---

1) „Und das Licht leuchtet in der Finsternis". Drama aus dem Nachlasse.

zu verteilen. Aber er war durch seine Nächsten „gebunden“, und „weinte und schrie“ und war mit seinen Betätigungen unzufrieden, aber konnte sich von ihnen nicht freimachen. Und er, der Kraft brauchte, war schwach. Was eigentlich hielt Tolstoi zurück, seinen Reichtum zu verteilen? Die Liebe zu seinen Angehörigen und das Bewußtsein ihrer Liebe zu ihm. „Ich fühlte die Ungerechtigkeit und die Grausamkeit — nicht der Menschen, weil sie mich lieben . . .“

Wenden wir uns dem zweiten Beispiele zu.

Im Jahre 1886 beschreibt Tolstoi seine Beobachtungen, Überlegungen und Qualen, verursacht durch die schreckliche Not und das Elend in Moskau, wie in allen Großstädten. Nach seinem Besuch in einem Nachtasyl streitet Tolstoi zu Hause mit seinem Freund, welcher ihm zu beweisen sucht, daß das Elend eine natürliche Erscheinung des Stadtlebens ist. „Ich fing meinem Freunde zu erwidern an, aber mit solcher Hitze und solcher Bosheit, daß meine Frau aus dem anderen Zimmer herbeilief und fragte, was geschehen sei? Es zeigte sich, daß ich, es selbst nicht bemerkend, mit Tränen in der Stimme schrie und auf meinen Freund mit den Händen losging. Ich schrie: so kann man nicht leben, man kann und darf nicht so leben, man darf nicht! Man sagte mir, daß ich mich wegen meiner unnötigen Hitze schämen solle, daß ich von nichts ruhig sprechen könne, daß ich in meinem Ärger unangenehm würde, und bewies mir hauptsächlich, daß die Existenz solcher Unglücklichen gar nicht die Ursache dazu sein könnte, das Leben seiner Angehörigen zu verderben. Ich fühlte, daß es ganz richtig war und schwieg, aber in meiner Seelentiefe fühlte ich, daß ich auch recht hatte, und konnte mich nicht beruhigen.“[1]

---

1) „Was sollen wir tun?“ Verlag J. Ladyschnikow. Berlin, 1920. (Russ.)

Vergleichen wir die drei Erlebnisse: beim Wickeln, beim Versuche, sein Vermögen zu verteilen und beim Streit wegen der Bettler. In allen drei Fällen haben wir die F o r d e r u n g s e i n e s I n d i v i d u a l - I c h s und die G e g e n k r a f t d e r U m g e b e n d e n. Im ersten Falle wünscht das Individual-Ich, die Arme zu befreien, aber es ist von seinen Verwandten p h y s i s c h gebunden; im zweiten Falle will das Individual-Ich seinen Plan ausführen, aber es ist von der Liebe zu seinen Verwandten gebunden, folglich p s y c h i s c h gebunden, was nicht minder real ist; im dritten Falle ist das Individual-Ich durch die Gegenkraft der Verwandten und der ganzen Gesellschaft gebunden. In allen drei Fällen unterliegt das Individual-Ich, aber mit „Schreien und Weinen". Hier wurzelt der Konflikt: im ersten Falle ein äußerer, im zweiten und dritten ein äußerer und innerer (innerseelischer).

Wir haben keinen Grund, an der Wahrhaftigkeit der Erinnerung an den äußeren Konflikt zu zweifeln. „Daß ein Mensch eine Erinnerung an seine Säuglingszeit bewahren könne, ist vielleicht nicht unmöglich, kann aber keineswegs als gesichert gelten," schreibt F r e u d.[1] Und H a v e l o c k E l l i s behauptet, daß Kindererinnerungen oft sehr viel weiter zurückreichen, als man gewöhnlich glaubt. Was aber die Wahrhaftigkeit des innerseelischen Konflikts, wie er in dieser allerersten Erinnerung beschrieben ist, betrifft, so ist sie mehr als zweifelhaft.

Die Übereinstimmung dieser Erinnerung mit Tolstois ganzer Persönlichkeit — ihre innere Wahrhaftigkeit — kann zum Beweis zweier entgegengesetzter Behauptungen benützt werden.

---

1) Vgl. dazu: „Eine Kindheitserinnerung des Leonardo da Vinci." Von Sigm. F r e u d, 2. Aufl., Leipzig und Wien, 1919, S. 22 ff.

1) Diese Erinnerung stimmt in so hohem Grade mit der ganzen Persönlichkeit des Autors überein, daß man sie als Künstlerbild, welches beim 50jährigen Autor entstanden ist, als das Resultat seiner Introspektion im gegebenen Augenblick betrachten kann; dieses Künstlerbild ist fälschlich in die Säuglingszeit versetzt. „Es kann wohl keine Erinnerung sein, sondern eine Phantasie, die er sich später gebildet und in seine Kindheit versetzt hat."[1] Aber auch in diesem Falle soll man auf das achten, was F r e u d über die Phantasien sagt: „Die spät geschaffenen Phantasien der Menschen über ihre Kindheit lehnen sich sogar in der Regel an kleine Wirklichkeiten dieser sonst vergessenen Vorzeit an."

2) Die Übereinstimmung der Erinnerung mit der ganzen Persönlichkeit ist der Beweis für ihre Wahrhaftigkeit.

Es scheint mir, daß diese Behauptungen einander nicht widersprechen. Das, woran sich Tolstoi erinnert, hat er wirklich erlebt, aber nur im unbewußten psychischen Prozeß, ohne Übergang zur Vorstellung. Aber da dieser unbewußte psychische Prozeß das Wesen der Persönlichkeit Tolstois darstellt, so ist es natürlich, daß er sich in verschiedenen Variationen unzählige Male in Tolstois Leben wiederholte, von ihm bewußtgemacht und in die Sprache der Vorstellungen übersetzt wurde. Nachher wurde diese Übertragung in die Vorstellungssprache auch auf das erste, elementare, aber dem Wesen nach gleiche Erlebnis angewandt.

Man kann glauben, daß der äußere Konflikt beim Gewickeltwerden eine wirkliche Erinnerung ist und die Beschreibung des innerseelischen Konflikts vom 50jährigen Autor hinzugefügt wurde. Aber der innerseelische Konflikt

---

1) F r e u d, Eine Kindheitserinnerung des Leonardo da Vinci. L. c. S. 22.

ist bei der oben angeführten Ich-Auffassung eigentlich nur
die Fortsetzung, resp. die Weiterentwicklung des äußeren
Konflikts. Für das Individual-Ich stellen die Supra- und
Sub-Ichs in gewisser Beziehung die Außenwelt — das transsubjektive innerseelische Milieu — dar. Also können wir
behaupten, daß Tolstois erste Erinnerung der Wahrheit entspricht, nur ist die Wahrheit in einer schärfer ausgeprägten
Form dargelegt, als sie damals erlebt worden war. Und die
Wahrheit ist die, daß Tolstoi s e i n g a n z e s L e b e n l a n g
im Z u s t a n d e d e s K o n f l i k t e s w i e m i t d e r U m-
g e b u n g, s o a u c h m i t s i c h s e l b s t l e b t e.

Achten wir darauf, daß Tolstoi in der ersten Erinnerung
bemerkt, daß er „Mitleid mit sich selbst" fühlte (russisch
auch als „Liebe zu sich selbst" zu verstehen), — ein Narzißmus, der uns noch speziell beschäftigen wird.

Da für den Psychoanalytiker nach F r e u d s Ausdruck
nichts „zu geringfügig" ist, so ist es an Tolstois erster Erinnerung nicht zufällig, daß z w e i Personen im Halbdunkel
neben ihm standen. Das kann man als Hinweis nehmen,
daß er eigentlich zwei Mütter hatte: die eine, die ihm das
Leben geschenkt hatte, und die er im Alter von 1 $^{1}/_{2}$ Jahren
verlor, und die andere, die Tante Tatjana Alexandrowna, die
ihm seine verstorbene Mutter ersetzte.

Die zweite Erinnerung, die zur selben Zeit gehört,
ergänzt die erste wesentlich. Die erste Erinnerung gibt nur
die formale Seite, die Form des Seelenlebens, die Seelen-
stimmung. In dieser ersten Erinnerung sehen wir den Wunsch,
sich von Hindernissen zu befreien: was mit der Freiheit
anzufangen sei, wozu sie zu verwenden sei, das erfahren wir
aus der zweiten — f r e u d i g e n — Erinnerung. Es scheint,
daß es angenehm ist, mit den freien Händchen die feuchten

Ränder des Trogs zu betasten und dabei sinnlichen Genuß zu empfinden. Das Fehlen von Zusammengebundenheit erlaubt auch, andere sinnliche Genüsse unbehindert zu genießen, denn die Aufmerksamkeit wird nicht vom Gegenstande des Genusses abgelenkt: man kann Genuß am Geruch (Kleie), an Tönen (Wassergeplätscher) und am Sehen (die entblößten Arme der Njanja und sein eigener kleiner Körper) empfinden. Auf diese Weise gibt uns die zweite Erinnerung d e n I n h a l t des Seelenlebens.

Ergänzen wir die angeführten sinnlichen Genüsse durch den sinnlichen Genuß an der Muskeltätigkeit (aus der ersten Erinnerung) und fügen wir außerdem die folgenden Ü b e r l e g u n g e n Tolstois hinzu: „Lebte ich denn damals nicht, als ich sehen, hören, verstehen, sprechen lernte, als ich schlief, an der Brust saugte, die Brust küßte und lachte und meine Mutter erfreute? Ich lebte und lebte glückselig!" Dann erhalten wir das Vollbild des sinnlichen Lebens des Säuglings: Schau-, Hör-, Tast-, Riech-,[1] Geschmacks-, Bewegungslust — all das lauter sinnliche Genüsse, resp. partiell-sexuelle Betätigungen.

„Es ist nicht gleichgültig, was ein Mensch aus seiner Kindheit zu erinnern glaubt; in der Regel sind hinter den von ihm selbst nicht verstandenen Erinnerungsresten unschätzbare Zeugnisse für die bedeutsamsten Züge seiner seelischen Entwicklung verborgen."[2] In dieser Hinsicht zeigt uns Tolstois zweite Erinnerung s t a r k e S i n n l i c h k e i t und besonders ist der Hinweis auf narzißtische Schaulust interessant. „Ich bemerkte zum ersten Male meinen kleinen Körper und fing

---

1) Tolstoi verzeichnet in seinen Schriften auffallend häufig Geruchseindrücke.

2) Freud, Eine Kindheitserinnerung des Leonardo da Vinci. 2. Aufl., 1919, S. 24.

an, ihn mit seinen an der Brust mir sichtbaren Rippen zu
lieben." Dieselbe narzißtische Schaulust notiert Tolstoi in
seiner Erzählung „Kindheit" in dem Kapitel „Etwas in der
Art einer ersten Liebe": Der 10jährige Nikolenka (Tolstoi
selbst) küßte Katinkas nackte Schulter. „Dieses Lustgefühl
war für mich ganz neu; nur einmal, als ich m e i n e n b l o ß e n
A r m betrachtete, hatte ich etwas ähnliches empfunden."[1]

Über Tolstois Sinnlichkeit überhaupt werden wir in
einem der weiteren Kapitel sprechen, jetzt aber lenken wir
unsere Aufmerksamkeit auf seinen Narzißmus.

Jeder Mensch liebt sich selbst. Die Selbstliebe ist eine
gesetzmäßige normale Erscheinung. Tolstoi notiert in seinem
Tagebuch folgendes: „Beim Eintritt in das Leben liebt der
Mensch n u r s i c h s e l b s t und sondert sich von den anderen
Wesen dadurch ab, daß er unverbrüchlich nur das liebt, was
sein eigenes Leben ausmacht. Aber sobald er sich seiner selbst
bewußt wird, kommt er auch z u m B e w u ß t s e i n s e i n e r
L i e b e, er begnügt sich nicht mehr mit der Liebe zu sich
selbst und beginnt andere Wesen zu lieben. Und je länger
er ein bewußtes Leben lebt, umso mehr andere Wesen beginnt
er zu lieben, und ist diese Liebe auch nicht die unverbrüch-
liche und stetige, mit der er sich selbst liebt, so ist sie doch
so, daß er allen Wesen, die er liebt, von Herzen wohl will,
sich ihres Wohlseins freut und durch jedes Ungemach, das
den geliebten Wesen widerfährt, leidet."[2] Aus diesen Worten
folgt, daß die Liebe zu sich selbst ein unbewußter, primärer
Prozeß ist, die Liebe zu den anderen Menschen aber durch

---

1) Diese Stelle wurde seinerzeit von der Zensur gestrichen und erschien
nur in der letzten Auflage. (Deutsch in Reclams Universal Bibliothek.)

2) Leo T o l s t o i, Tagebuch, I. Band. (1895-1899). Tolstoi-Bibliothek, herausg.
von L. Berndl, München, 1917, S. 13.

das Stadium des Denkens durchgeht. Das ist aber ein über-
mäßiger Rationalismus! Man hat gar keinen Grund, solch
einen Unterschied zwischen den Prozessen dieser beiden
Libidobesetzungen zu behaupten. Aber für Tolstois Persönlichkeit ist diese Unterscheidung charakteristisch.

„Der Mensch hat z w e i ursprüngliche Sexualobjekte:
sich selbst und das pflegende Weib," schreibt Freud.[1] „Die
individuellen Differenzen betreffen nur den Unterschied in
der Energie der beiden Libidoströmungen. Es ist evident, daß
ein in einer Richtung starker Libidostrom den Strom in
einer anderen Richtung herabsetzt. Die Libidobesetzungen
des eigenen Ichs und der fremden Ich verhalten sich zu
einander, wie der Körper eines Protoplasmatierchens zu den
von ihm ausgeschickten Pseudopodien."[2]

Wir müssen den normalen, primären, sozusagen physio-
logischen Narzißmus, der bei allen Individuen in der Periode
des Intrauterinlebens normalerweise die ausschließliche Libido-
anwendung darstellt, und als Rest das ganze Leben lang
existiert, von den anderen Arten des Narzißmus unterscheiden.
Bald nach der Geburt besetzt die Libido auch fremde Objekte
und von dieser Zeit an besetzt sie lebenslang gleichzeitig das
Individual-Ich und die fremden Ich, resp. die fremden Objekte.
Wenn im Laufe der weiteren Entwicklung die Ichbesetzung
anormal stark und die Objektbesetzung umgekehrt äußerst
schwach ausfällt, dann sprechen wir vom c h a r a k t e r o l o g i -
s c h e n Narzißmus. Und wenn endlich die Libido die fremden
Objekte gar nicht besetzt, dann handelt es sich um den
p a t h o l o g i s c h e n Narzißmus (Dementia praecox, bezw. Para-
phrenien).

---

1) „Zur Einführung des Narzißmus". A. a. O. S. 95.
2) Ebenda. S. 81.

Aber der quantitative Hinweis ist für das Kennzeichen
des charakterologischen Narzißmus nicht genügend. Der Narzißmus wird in der Normbreite dadurch charakterisiert, daß die
Libido zu den fremden Wesen nur durch das eigene Ich
gelangt. Genauer gesagt, liebt der Narziß die anderen Wesen
nur wegen ihrer Liebe zu ihm, er liebt ihre Liebe. Das ist
die „Liebe zur Liebe", die Tolstoi selbst notiert. „Ich fühlte
das Bedürfnis, von jedermann gekannt und geliebt zu
sein. Ich fühlte das Bedürfnis, meinen Namen zu nennen,
und alle sollten von dieser Mitteilung großen Eindruck
empfangen, sich um mich scharen und mir für etwas danken."[1]
Die „Liebe zur Liebe" ist eine narzißtische Objektliebe.
Wer an „Liebe zur Liebe" leidet, der muß beständig die
fremde Meinung beachten. Tolstoi sagt: „Mitenka (Tolstois
Bruder) muß jene wertvolle Veranlagung besessen haben, von
der ich glaube, daß sie meine Mutter, und weiß, daß sie
Nikolenka (Tolstois Bruder) besessen hat, die mir hingegen
stets gänzlich gefehlt hat — ich meine die völlige Gleichgültigkeit dem Urteil anderer gegenüber. Ich war noch bis
vor ganz Kurzem beinahe nie imstande, mich über das
Urteil der Menschen hinwegzusetzen."[2] Tolstoi besuchte ein
Nachtasyl und da umringten ihn die Armen; unter ihnen
befand sich eine Frau, die mehrere Tage nichts gegessen
hatte. „Ich gab ihr einen Rubel und erinnere mich, daß ich
sehr froh war, daß die anderen es gesehen hatten. Eine Alte,
die es sah, bat mich auch um Geld. Es war mir so angenehm zu geben, daß ich schon ohne zu untersuchen, ob
es nötig war, zu geben oder nicht, auch der Alten gab . . .

---

1) Birjukow, I, 145.
2) Birjukow, I, 138, geschrieben in den Jahren 1903-1906.

Als ich das Geld verteilte, näherten sich noch mehr Leute . . .
Ich empfand . . . . Unruhe vor dem, was die Krämer
und die Hausknechte von mir denken mochten."[1]
Am 12. Mai 1856 schreibt Tolstoi in sein Tagebuch:
„Ein überaus wirksames Mittel, sich mehr Lebensglück
zu sichern, besteht darin, daß man ausnahmslos nach allen
Richtungen, wie eine Spinne, ein ganzes Gewebe der Liebe
spinnt und darin fängt, was sich nur fangen läßt, alte Weiber,
Kinder, Frauen und Polizeisoldaten."[2] Das ist wieder keine
echte Objektliebe, weil sie eigenes Lebensglück verfolgt.

Sich selbst bis zur Vergötterung liebend, verstand es
Tolstoi, diese Vergötterung und Liebe auf andere Menschen
zu übertragen. Er verstand es, geniale Einfühlung in fremdes
Seelenleben zu offenbaren. Die ganze Libido, die, wie in
einem Brennpunkt, im Ich konzentriert ist, wird auf ein
fremdes Ich übertragen und dann lebt das eigene Ich im
fremden Ich. Das eigene Ich identifiziert sich mit dem
fremden Ich. Aber die Mechanismen der Übertragung und
der Identifizierung machen noch keine Differentialdiagnose
zwischen der Selbstliebe und der echt altruistischen Objektliebe aus. Die Hauptsache ist, ob das eigene Ich bei der
Identifikation dem fremden Ich unterliegt oder nicht. Im
Falle der narzißtischen Identifizierung strebt das eigene Ich
danach, das fremde Ich dennoch nach seinem Muster zu
formen. Das eigene Ich sucht weiter die Rolle der „Form"
zu spielen. Bei der altruistischen Übertragung unterliegt das
eigene Ich dem fremden Ich, es wird zur „Materie". Tolstois
Fähigkeit zur narzißtischen Identifizierung wird durch seine

---

1) Was sollen wir tun? S. 53, 54.
2) Birjukow, I.

Heldengestalten in den dichterischen Werken bewiesen. Tolstoi
bildet seine Helden vorwiegend nach dem narzißtischen Aus-
wahltypus. Nämlich er bildet ab: 1. sich selbst (z. B. Lewin
in „Anna Karenina"); 2. was er selbst war (z. B. Nikolenka
in der „Kindheit"); 3. was er selbst sein möchte (z. B. Andrei
Bolkonski in „Krieg und Frieden"); 4. die Personen, die ein
Teil der eigenen Persönlichkeit sind (die Vorfahren, die in
„Krieg und Frieden" abgebildet werden).[1]

Kannte Tolstoi eine echt altruistische Objektliebe? Darüber
sprechen wir später.

Die narzißtische Einstellung bringt in inter-individuellen
Beziehungen notwendigerweise die Selbstüberschätzung und
die Unterschätzung der anderen mit sich. Daraus resultieren
aber Stolz und Eitelkeit. Birjukow sagt: „Tolstoi (in
den Jahren 1851—1858) verkehrte mit Männern, die auf
seiner eigenen Erziehungsstufe standen und war selbst ihnen
gegenüber sehr reserviert, unabhängig, ja stets in Opposition
und von dem Wunsche beseelt, die anderen zu beeinflussen,
während er selbst äußeren Einflüssen nur schwer zugänglich
war."[2] Seine Eitelkeit notiert Tolstoi in seinem Tagebuche
(1852). „Eitelkeit: es ist dies die Leidenschaft, durch welche

---

1) Siehe Freud, Zur Einführung des Narzißmus a. a. O. über die Objekt-
wahltypen. Die Fragen, die Tolstois dichterisches Schaffen betreffen und zu
deren Erforschung in sehr bedeutendem Maße die Arbeiten von Dr. Otto Rank
verhelfen, ebenso wie die Erläuterung der pathologischen Angst vor dem
Tode, an der Tolstoi litt und auf die als dem wichtigsten Faktor zum Ver-
ständnis von Tolstois Wandlung und Persönlichkeit Mereschkowski hingewiesen
hat, behalten wir unseren weiteren Arbeiten vor. Es sei hier nur bemerkt,
daß O. Rank ganz recht hat, wenn er in seiner Studie über das Doppelgänger-
motiv (Psychoanalytische Beiträge zur Mythenforschung. Leipzig und Wien, 1919)
Todesangst und Narzißmus in nahe Beziehungen bringt. Der „ewige Narziß"
Leo Tolstoi schreibt in seinem Tagebuche (Oktober 1863): „Ich schwanke unter
der Last des Todes, ich schwanke und habe nicht die Kraft, stehen zu bleiben.
Und ich will den Tod nicht, ich will und liebe die Unsterblichkeit."
Birjukow, II, 20.

2) Birjukow, I, 272.

wir anderen den geringsten und uns selbst den größten Schaden
zufügen."[1] Birjukow erzählt: Als sie (Leo Tolstoi und sein
Bruder Nikolaus, im Jahre 1851) in der Stadt gingen, fuhr
ein Herr an ihnen vorüber, der mit unbehandschuhten
Händen einen Stock vor sich hin hielt. „Dieser Mensch
scheint offenbar irgend ein Spitzbube zu sein," rief Leo
Tolstoi seinem Bruder zu. „Warum?" fragte Nikolaus. „Nun,
weil er keine Handschuhe trägt."[2]

In der „Jugend" widmet Tolstoi ein ganzes Kapitel der
Beschreibung seiner Bemühungen, *comme il faut* zu sein.

Der Narziß ist s e l b s t g e n ü g s a m und u n z u g ä n g -
l i c h.[3] Folglich hat er kein Bedürfnis, Freunde zu haben.
„Im Leben Leo Tolstois fällt eine besondere Einsamkeit auf,
nicht jene, die dem Genie eigen ist, sondern eine andere,
eine irdische, alltägliche, menschliche. Er hat fast alles, was
der Mensch auf der Erde erreichen kann, für sich gewonnen,
nur keinen Freund . . . Sein langes Leben lang umgeben ihn
nur Verwandte, Verehrer, Beobachter und Beobachtete und
endlich Schüler — diese aber scheinen ihm am fernsten zu
stehen." (M e r e s c h k o w s k i.)[4]

Es versteht sich von selbst, daß Tolstoi kein g e w ö h n l i c h e r
Narziß war. Es gibt ebenso Narzisse von höchster Begabung,
als auch solche, die mit Gaben karg bemessen sind. Die
Konstatierung des Narzißmus gibt uns noch keine Vorstellung
von dem D i a p a s o n der Persönlichkeit. Wie umfangreich aber
dieses Diapason bei Tolstoi gewesen, braucht man nicht zu sagen.

1) B i r j u k o w, I, 206.
2) Ebenda, I, 174.
3) F r e u d. Zur Einf. d. N. a. a. O.
4) „Tolstoi und Dostojewski". S. 76. Erster Band, 2. Auflage, Berlin. Voegels Verlag, 1919. Deutsch von K. v. Gutschow.

Die Selbstliebe, der Narzißmus, war bei Tolstoi a m b i - v a l e n t, wie wir es im Anfang des ersten Kapitels im Benehmen Nechljudows gegenüber sich selbst gesehen haben, wo er sich als Schurke u. dgl. beschimpft und sich später als Gott fühlt. Das ist die „V e r k e h r u n g i n s G e g e n t e i l": der Liebe in den Haß und umgekehrt (Freud[1]), wieder einer der charakteristischen Züge von Tolstois Persönlichkeit. Diese Ambivalenz ist auch in der ersten Erinnerung notiert: „ich schreie und weine und mein Geschrei ist mir selbst unangenehm" — „ich fühle Mitleid mit mir selbst" (d. h. Liebe zu sich selbst). In seiner geistreichen Arbeit „Tolstoi und Dostojewski" schreibt D. S. Mereschkowski[2]: „Hier wie dort ist die erste Ursache und die Vereinigung dieser anscheinend so entgegengesetzten Gefühle das eigene Ich, entweder das aufs äußerste gesteigerte oder das aufs äußerste verneinte. Aller Anfang und das Ende ist das Ich; weder Liebe noch Haß können diesen Kreis zerreißen." Dementsprechend war auch das Verhältnis Tolstois zu den anderen Menschen wechselnd.

Außer der Ambivalenz ist für Tolstois Narzißmus noch seine Kenntnis seiner selbst charakteristisch. Leo Tolstoi schreibt über seinen Bruder Sergei: „Serjoscha aber bewunderte ich enthusiastisch und ahmte ihn nach . . . Ich bewunderte . . . insbesondere, so seltsam dies auch klingen mag, d i e U n - b e w u ß t h e i t s e i n e s E g o i s m u s. Ich war stets meiner selbst gewahr, hatte stets Klarheit über mich selbst und wußte auch, ob die Gedanken und Empfindungen anderer über mich gerecht waren oder ungerecht, und dies störte

---

1) Triebe und Triebschicksale. Samml. kl. Schr. 1. c. S. 252.
2) a. a. O.

meine Lebensfreude. Darum wohl liebte ich an anderen nichts so sehr als das gerade Gegenteil — unbewußten Egoismus."[1]

Der gewöhnliche Narziß leidet an keinen Seelenkonflikten, er geht in seiner Selbstliebe auf. Er hat nur äußere Konflikte mit der Umgebung, welche nicht einfach die Rolle der „Materie" für seine Majestät, das narzißtische Ich, spielen will. Ein geistreicherer Narziß leidet an Seelenkonflikten, eben an den Konflikten zwischen der Selbstliebe und der narzißtischen Objektliebe (Liebe zur Liebe). Er will geliebt werden, deshalb fühlt er sich manchmal gezwungen, etwas zu tun, was seiner Selbstliebe widerstrebt. Der Tolstoische Narzißmus wird durch die Ambivalenz, das Selbstbewußtsein, die geniale Übertragung und Identifizierung charakterisiert. Beim Vorhandensein dieser Eigenschaften ist es evident, daß Tolstoi an innerseelischen Konflikten leiden mußte.

———

Die erste Erinnerung gibt uns, wie wir oben gesagt haben, die Vorstellung von der formalen Seite von Tolstois Seelenleben. Außerdem finden wir daselbst auch ein i n h a l t - l i c h e s Merkmal: eben einen Hinweis auf die aktionsstarke, bezw. aktionslustige Muskulatur. Die aktionsstarke Muskulatur ist im Körperbereiche dasselbe, was die Selbstbehauptung des Individuums im Seelenbereiche ist. Tolstoi war sein ganzes Leben lang ein t a t k r ä f t i g e r , t e m p e r a m e n t v o l l e r Mann. Eine „heiße, impulsive Natur", bemerkt Birjukow.[2] S. A. Behrs, der Bruder von Tolstois Frau erzählt in seinen „Erinnerungen an Graf L. N. Tolstoi": „Meine Mutter sagte

———

1) B i r j u k o w, I, 88.
2) I, 307.

mir, daß er bei der Schilderung seiner ersten Liebe in dem
Romane ‚Kindheit' zu erzählen unterließ, wie er aus E i f e r-
s u c h t den Gegenstand seiner Liebe vom Balkon gestoßen
habe. Es war dies meine damals 9jährige Mutter, die dann
lange hinkte."[1] Nicht das Kontemplative, sondern die Aktion
war Tolstois Sphäre. Auch die gewöhnliche Narzisse (wenigstens
die Männer unter ihnen) haben gewöhnlich ein aktionsstarkes
Individual-Ich.

Opposition bis zum Unsinn getrieben — das ist Tolstois
Einstellung. Und dieses Merkmal hat nahe Beziehung zum
Narzißmus. Der gewöhnliche Narziß sagt immer auf alle Gedanken, Vorschläge, Unternehmungen anderer Leute: „Nein".[2]
Die innere Verbindung dieses stumpfsinnigen Neins mit dem
Narzißmus ist evident: „Was nicht Meine Majestät Ich ist —
ist nicht nur wertlos, sondern sogar ekelhaft." Da aber die
von unzähligen fremden Ich ausgehenden Äußerungen natur-
gemäß äußerst mannigfaltig und einander widersprechend
sind, wobei die narzißtische Reaktion immer dasselbe „Nein"
bleibt, so muß der Narziß fortwährend in Gegensätzlichkeit
mit sich selbst verfallen. Der Narziß, der an Ambivalenz
der Gefühle leidet, hat in dieser Ambivalenz noch eine
zweite Wurzel für die Gegensätzlichkeit zu sich selbst. Und
Tolstoi verfällt fortwährend in den Gegensatz zu sich selbst.
„Aber wahr ist das, daß es mein erster und stärkster
Lebenseindruck war. Und erinnerlich sind mir nicht mein
Geschrei, nicht das Leiden, sondern die Kompliziertheit und
die Gegensätzlichkeit des Eindruckes." Der berühmte Dichter
Fet, der sein ganzes Leben lang in freundschaftlichem

---

1) I, 117.

2) Vergl. den Negativismus der Schizophrenen.

Verhältnis zu Tolstoi stand, schreibt über seinen Eindruck aus
der ersten Zeit seiner Bekanntschaft mit Tolstoi: „Ich ge-
wahrte jedoch von allem Anfang an beim jungen Tolstoi
eine Art unbewußter Feindseligkeit allen im Reiche des
Denkens angenommenen Gesetzen gegenüber."[1] Diese Zeit
Tolstois erster Bekanntschaft mit dem Kreise der berühmten
Schriftsteller wiederholt das Bild des Wickelns, nur bemühten
sich statt der Njanja und der Tante Turgeniew, Nekrassow,
Fet, Grigorowitsch und andere literarische Größen, Tolstoi
zu bändigen.[2] Grigorowitsch erzählt in seinen „Literarischen
Erinnerungen", wie er Tolstoi zum Mittagessen mit den
Redaktionsmitgliedern der damals hochangesehenen und sehr
einflußreichen Zeitschrift „Zeitgenosse" begleitete. „Ich empfahl
ihm unterwegs, vorsichtig zu sein und gewisse Gesprächsstoffe
zu meiden, vor allem nicht George Sand anzugreifen, die
damals der Abgott der meisten Mitglieder war . . . Als jemand
einen neuen Roman der George Sand lobte, erklärte er
plötzlich, daß er sie hasse, und fügte hinzu, daß ihre Heldinnen,
wenn sie in Wirklichkeit existierten, verdienten, an einen
Henkerkarren angeschnallt und als abschreckendes Beispiel
durch die Straßen Petersburgs getrieben zu werden . . . Gleich-
viel welche Meinung ausgesprochen wurde — und je größer die
Autorität des Sprechers war, umsomehr — er bestand darauf, seinen
gegnerischen Standpunkt zu betonen und schroff zu erwidern."[3]
Tolstoi erwähnt auch selbst seinen Hang zum Widerspruch.
So z. B. in einem Briefe an Tatjana Alexandrowna: „weil ich dir
nicht, wie es sonst meine Art ist, widersprechen kann."[4]

---

1) Birjukow, I, 274.
2) Birjukow, I, Neuntes Kapitel.
3) Birjukow, II, 277.
4) Birjukow, I, 166.

Tolstoi widerspricht sich selbst auf Schritt und Tritt. Anstatt vieler Beispiele nur ein einziges: Tolstoi schätzt die geistige Arbeit sehr hoch, wie man aus .dem folgenden Zitat ersieht: „Nur diejenigen, denen die ethischen Wahrheiten wichtig und teuer sind, wissen, wie wichtig und kostbar die Erklärung, die Vereinfachung der sittlichen Wahrheit ist und durch welch lange Arbeit man sie erlangt, nämlich ihren Übergang aus der nebelhaften, unbestimmt bewußten Voraussetzung, aus dem Wunsche, aus unbestimmten inkohärenten Ausdrücken in einen festen, bestimmten Ausdruck, welcher unvermeidliche, ihm entsprechende Handlungen fordert."[1] Gleichzeitig mit dieser hohen Schätzung der geistigen Arbeit schreibt Tolstoi sein Volksmärchen „Über den dummen Iwan und seine zwei Brüder: Semen, den Krieger und Taraß, den Dickbäuchigen, und die stumme Schwester Malanja und den alten Teufel und die drei Teufelchen."[1] In derbem Stil (das sieht man schon aus dem Titel), in verschrobenen Worten, beschreibt Tolstoi ein für ihn ideales Reich, wo es kein Geld gibt und alle nur mit den Händen arbeiten. In dieses Reich kam der Teufel in der Gestalt eines schneidigen Herrn und sollte dort vor Hunger sterben. Der Teufel beschloß, das Volk des dummen Zaren Iwan über die geistige Arbeit zu belehren. „Im Reiche Iwans war ein hoher Turm erbaut und es führte nach oben eine Treppe, oben gab es einen Erker. Dahin führte Iwan den Herrn, damit er zu sehen sei. Der Herr stellte sich auf den Turm und begann von dort aus zu

---

1) „Was sollen wir tun?'' S. 65. Hier ist der Mechanismus des geistigen Schaffens überhaupt angedeutet: 1) Nebelhafte, unbestimmt bewußte Voraussetzung, das ist Strebung zu bewußt gestelltem Ziele, aber nur in nebelhaften Umrissen; 2) Unbewußte Tätigkeit gleich Wunsch, Eros; 3) Erste Anfänge der bewußten Bearbeitung (sekundäre Bearbeitung) des unbewußten Wunsches.

2) Leo Tolstoi. Volkserzählungen. Prag, 1888. (Russ.)

reden. Und die Narren versammelten sich, um zu schauen. Die Narren dachten, daß der Herr in der Tat zeigen würde, wie man ohne Hände mit dem Kopfe arbeiten könne. Aber der alte Teufel belehrte nur mit Worten, wie man, ohne zu arbeiten, leben könne. Die Narren verstanden nichts. Sie schauten, schauten noch und gingen auseinander, jeder zu seiner Beschäftigung. Der alte Teufel stand auf dem Turm einen ganzen Tag, stand einen zweiten hindurch und sprach fortwährend. Er bekam Hunger. Und die Narren kamen nicht auf den Gedanken, ihm Brot auf den Turm zu bringen. Der alte Teufel stand im Erker noch einen Tag und wurde schwach — er wankte einmal und stieß mit dem Kopfe an eine Säule. Das sah ein Narr, sagte es der Frau von Iwan und die Frau lief zu ihrem Manne aufs Feld. Iwan kam zum Turm, aber der alte Teufel war schon ganz schwach vor Hunger, fing zu wanken an, mit dem Kopf an die Säulen zu stoßen. Als sich Iwan ihm näherte, stolperte der Teufel, fiel und rutschte die Treppe hinunter, zählte alle Stufen mit dem Kopfe. — Nun, sagte Iwan, der schneidige Herr hatte Recht, daß ein anderes Mal auch der Kopf platzt, es ist was anderes als Hühneraugen auf den Händen, von solcher Arbeit kriegt man Geschwülste auf dem Kopf." Das ist also die zweite Stellungnahme desselben Tolstoi zur geistigen Arbeit.

In der zweiten Erinnerung ist die autoerotische Schaulust eine auffällige Tatsache. „Ich bemerkte zum erstenmal meinen kleinen Körper und fing an, ihn mit seinen mir an der Brust sichtbaren Rippen zu lieben."[1] Die narzißtische Schaulust[2]

---

1) Schon Mereschkowski und Rank haben diese Stelle beachtet. Nur irrt Mereschkowski, wenn er diese Erinnerung ins Alter von 3—4 Jahren versetzt. Nach dem Texte der „Erinnerungen", sowie nach der Birjukow'schen Biographie war Tolstoi damals ungefähr ein Jahr alt.

2) Zwischen Narzißmus und Autoerotismus macht Freud folgenden Unterschied: „Es ist eine notwendige Annahme, daß eine dem Ich vergleichbare

macht nach der scharfsinnigen Feststellung von Freud drei
Phasen durch. „Der Schautrieb ist nämlich zu Anfang seiner
Betätigung autoerotisch, er hat wohl ein Objekt, aber er findet
es am eigenen Körper. Erst späterhin wird er dazu geleitet
(auf dem Wege der Vergleichung), dieses Objekt mit einem
analogen des fremden Körpers zu vertauschen. Diese (d. h.
narzißtische) Vorstufe ist nun dadurch interessant, daß aus
ihr die beiden Situationen des resultierenden Gegensatzpaares
hervorgehen, je nachdem der Wechsel an der einen oder anderen
Stelle vorgenommen wird."[1] Das Schema für den Schautrieb
könnte lauten (Freud):

α) *Ich beschaue mich selbst*   =   *Ich werde von mir beschaut*

β) *Ich beschaue ein fremdes Objekt*   γ) *Ich werde von einer fremden Person beschaut*
  (Aktive Schaulust)   *(Zeigelust, Exhibitionismus)*

Tolstoi betrachtete seinen bloßen Arm (α), auch die entblößten Arme der Njanja (β) mit Lustgefühl; er liebte es immer,
die Situation so auszuwählen (γ), daß man ihn beschaute,

Einheit nicht von Anfang an im Individuum vorhanden ist; das Ich muß entwickelt werden. Die autoerotischen Triebe sind aber uranfänglich; es muß also
irgend etwas zum Autoerotismus hinzukommen, eine neue psychische Aktion,
um den Narzißmus zu gestalten." (Zur Einführung des Narzißmus. A. a. O. S. 82).
Es scheint, daß Freud in seinen späteren Arbeiten seine Bestimmung des Narzißmus etwas geändert hat. „Das Ich findet sich ursprünglich, zu allem
Anfang des Seelenlebens, triebbesetzt und zum Teil fähig, seine Triebe an sich
selbst zu befriedigen. Wir heißen diesen Zustand den des Narzißmus, die Be-
friedigungsmöglichkeit die autoerotische" (Triebe und Triebschicksale. A. a. O.
S. 272.). Mir scheint es, daß das Ich, welches einfach erlebt wird, (vergl. oben
Kap. I) uranfänglich und immer zugegen ist, was selbstverständlich seine weitere
Entwicklung nicht ausschließt; im Laufe dieser Entwicklung entsteht die Vorstellung
von Ich, d. h. das vorgestellte Ich. Mit anderen Worten: das Ich ist ursprünglich und
numeral identisch, was seine qualitative Veränderungen nicht ausschließt.
Der Narzißmus ist die Libidobesetzung der ganzen eigenen Persönlichkeit (des
Gesamt-Ichs), er ist also uranfänglich. Der Autoerotismus ist ein einzelner
narzißtischer Akt; gemäß dem eingebürgerten Sprachgebrauch ist nämlich
der Autoerotismus ein auf den Leib des Individuums gerichteter Akt. Der Narzißmus
schließt in sich den Autoerotismus ein. Es sei noch bemerkt, daß den üblich
gewordenen und in mancher Beziehung sehr bequemen Terminis „Ichlibido"
und „Objektlibido" insoferne ein Mangel anhaftet, als das Ich in diesem Falle
auch ein Objekt ist.

1) Triebe und Triebschicksale. A. a. O. S. 266.

bewunderte, sich mit ihm beschäftigte, er liebte immer, Aufsehen hervorzurufen — Exhibitionismus im weitesten Sinne des Wortes.[1] Ausführliche Tagebücher, Beichten, Geständnisse — ist das nicht narzißtischer Exhibitionismus? Exhibitionismus ist eine komplizierte Erscheinung. Narzißtischer Exhibitionismus ist die Einladung seitens des Narziß zur Bewunderung seiner ganzen Erscheinung. „In der Literatur aller Zeiten und aller Völker wird sich wohl kaum ein zweiter Schriftsteller finden, der sein persönliches Privatleben, ja oft die intimsten Seiten desselben, mit einer so großherzigen oder ungenierten Aufrichtigkeit enthüllt, wie Tolstoi." (Mereschkowski.)[2]

Betrachten wir jetzt einige Abkömmlinge der narzißtischen Schaulust und der narzißtischen Zeigelust. Der Narziß sieht sich sehr gerne im Spiegel. Daß wir diese Eigenschaft bei Tolstoi nicht finden, erklärt sich daraus, daß er von seiner Häßlichkeit überzeugt war. „Ich bildete mir ein, daß es kein irdisches Glück für einen Menschen geben könne, der eine so breite Nase, so dicke Lippen und kleine Augen habe wie ich. Ich bat Gott, ein Wunder zu wirken und mich in einen hübschen Knaben zu verwandeln. Und ich hätte alles, was ich damals besaß und je in künftigen Zeiten besitzen würde, für ein hübsches Gesicht hingegeben."[3] Tolstoi liebte das Körperliche, das Fleischliche, heiß. In seinen dichterischen Werken beschreibt er meisterhaft und mit auffallender Liebe körperliche Eigenschaften seiner Helden und sogar der Nebenpersonen. „Ich glaube nicht," schreibt Mereschkowski, „daß

---

1) Der Zeigesucht ungeachtet, litt Tolstoi an Schüchternheit. Zur Frage über die Herkunft dieser Schüchternheit kehren wir noch zurück.

2) A. a. O. S. 19.

3) Birjukow, I, 105.

es in der ganzen Weltliteratur einen Schriftsteller gibt, der
Leo Tolstoi in der Schilderung des menschlichen Körpers durch
das Wort gleichkommt . . . Diese ihm allein in so hohem Grade
eigene Gabe, die man vielleicht das Hellsehen des Flei-
sches nennen könnte . . . Es ist ihm so leicht und angenehm,
lebende Körper und ihre Bewegungen zu schildern, daß er
von Zeit zu Zeit wie spielend damit Mißbrauch treibt."[1]

Im Zusammenhange mit dem Narzißmus steht der
Rationalismus.[2] Der Narziß liebt sich in seiner ganzen
Erscheinung, folglich liebt er auch seine Gedanken. Für Tolstois
Rationalismus ist seine Ansicht über die Wirksamkeit des
Verstandes in den Sexualangelegenheiten beweisend. Tolstoi
meint, daß die „mir gegebenen" Zustände, wenn sie dem
Ich unerwünscht sind, von der Vernunfttätigkeit des Ichs
besiegt werden können. Wenn unser Ich denkt, daß der oder
jener Trieb ihm nötig ist, so wird er wirklich nötig.

„Eugen [in der Erzählung „der Teufel"] wohnte den
zweiten Monat auf dem Lande und wußte entschieden nicht,
was er tun sollte. Die unwillkürliche Enthaltsamkeit fing
an, auf ihn schlecht zu wirken, und da er überzeugt war,
daß es ihm unbedingt nötig sei, so wurde es ihm wirklich
nötig und er fühlte, daß er nicht frei war und daß er
gegen seinen Willen jede junge Frau mit den Augen begleitete." Und doch beweist die ganze Erzählung gerade
das Gegenteil. Eugen unterliegt dem Triebe, ungeachtet
allen Verstandesanstrengungen. Tolstoi, der geniale Künstler,
widerspricht dem moralisierenden Tolstoi.

---

1) A. a. O. S. 155. 157.

2) Der Rationalismus ist „die Meinung, es stecke im Verstandesmäßigen
und Erklärbaren das Wesen der Dinge." H. Rickert. Die Philosophie des Lebens.
Tübingen 1920. S. 28.

Ein anderes Beispiel für den Rationalismus: Der Wohl-
tätigkeitsversuch zeigte Tolstoi, daß Not und Elend durch
äußere Mittel nicht zu bewältigen sind. „Ich verstand es
nicht, daß einem solchen Menschen (d. h. einem tief ge-
sunkenen) zu helfen nur dadurch möglich ist, daß man
seine Weltanschauung ändert . . . . . Aber dazu muß man seine
eigene Weltanschauung ändern."[1] Und Tolstoi ändert seine
Weltanschauung und begeht dabei den Fehler, daß er die
Kraft des Sub-Ichs, nämlich des Sexual-Sub-Ichs, das durch
die Verstandestätigkeit nicht bezwungen werden kann,
nicht in Rechnung zieht. Das ist der Glaube an „d i e
A l l m a c h t d e r G e d a n k e n." (Freud.) Und der Glaube
an die Allmacht der Gedanken steht in der nächsten Beziehung zum Narzißmus, wie wir aus Freuds Forschungen
wissen.

Wir finden bei Tolstoi sogar den Glauben an die
magische Bedeutung der Worte: „Tolstoi pflegte einer Tagebuch-
Aufzeichnung oft das Datum des folgenden Tages hinzuzu-
fügen, gewöhnlich mit der — nur in Anfangsbuchstaben
geschriebenen — formelhaften Wendung: „wenn ich am
Leben sein werde".[2]

Im Zusammenhang mit dem Rationalismus und dem
Glauben an die Allmacht der Gedanken steht Tolstois Leidenschaft für Wortstreite. Diese Leidenschaft *in nuce* ist in der
ersten Erinnerung notiert: „Ihnen scheint es, daß es so
nötig ist (d. h. daß ich zusammengebunden sei), während
ich weiß, daß es nicht nötig ist, und es ihnen beweisen
will, und ich vergehe in lautem Geschrei, das mir selbst

---

1) „Was sollen wir tun?"
2) Tagebuch-Anmerkungen. S. 263.

zuwider, aber unaufhaltsam ist." Tolstoi gab immer sich
selbst und allen Menschen die Schuld am ganzen Welt-
elend, während die Menschen daran bei weitem nicht schuld
sind. Für vieles ist das Schicksal, d. h. die Existenz von
höheren als menschlichen Kräften in der Welt verantwortlich. Tolstoi spricht in der ersten Erinnerung auch diesen
Gedanken aus: „Ich fühle die Ungerechtigkeit und die
Grausamkeit — nicht der Menschen, weil sie mich bedauern
(lieben), aber des Schicksals und habe Mitleid mit mir selbst."
Dieses Anerkennen einer höheren Macht ist eine seltene
Erscheinung in Tolstois Leben und Gedankengang. Tolstoi
erkennt gewöhnlich, daß alles Böse in der Welt von den
falschen Überzeugungen der Menschen stammt. Folglich
muß man nur die eigenen und fremden Ansichten ändern,
um das Böse zu vernichten. Tolstoi war in gewisser Beziehung ein sokratischer Mensch. Bei einer solchen Voraussetzung ist es nur natürlich, daß man seinen Gegner mit
allen seinen Kräften zur eigenen Überzeugung zu zwingen
sucht.[1]

Tolstoi war ein großer Mensch, dennoch dürfen wir
über Tolstois Größenwahn sprechen, und eben nicht nur
über den Größenwahn in der Phantasie, weil ja in der
Phantasie jeder von seiner außerordentlichen Größe träumt.
Nikolenkas Phantasien („Kindheit" usw.) über den Ruhm

---

[1] Es ist interessant zu bemerken, daß Tolstoi, vielleicht unbewußt, in
der Erzählung „Der Teufel" Eugens Schwiegermutter die sexuelle Ätiologie
der Leidenschaft für Wortstreitereien in den Mund legt. Eugen ist an einem
Sexualkonflikt zu Grunde gegangen: nach der einen Variante hat er sich er-
schossen, nach der anderen wurde er ein geisteskranker Alkoholiker. Seine
Frau und seine Mutter konnten gar nicht verstehen, wodurch es geschehen
war. Aber die Schwiegermutter „versicherte, daß sie es immer vorausgesagt
hatte. Das war klar zu sehen, als er stritt." Diesen Satz hat Tolstoi in beiden
Varianten bewahrt.

stehen sogar hinter der Wirklichkeit, die Tolstoi ungeheueren
Ruhm gebracht hat, zurück. Aber hier ist ein Beispiel des
Größenwahns im Wachzustande. Als junger Leutnant trägt
Tolstoi am 5. März 1855 in sein Tagebuch folgendes ein:
„Ein Gespräch über Gottheit und Glaube rief in mir eine
große, eine erstaunliche Idee wach, der mein Leben zu
weihen ich mich fähig fühle. Diese Idee ist die Gründung
einer neuen Religion, die der augenblicklichen Entwicklungs-
stufe der Menschheit entspräche — die Religion Jesu,
jedoch vom Dogma und Mystizismus gereinigt, eine praktische
Religion, die nicht künftiges Glück verheißt, sondern Glück
auf Erden schenkt."[1] Schon dieses Eine, daß der Mensch
eine Religion mit der Vernunft zu gründen glaubt, zeigt
nicht nur Größenwahn, sondern die ganze Unerfüllbarkeit
dieses Wunsches. Keine einzige Religion wurde willkürlich
geschaffen. Ein anderes Beispiel: Tolstoi stellte einen Wohl-
tätigkeitsprospekt zusammen. „Ich stellte mir schon vor, daß,
von den Bettlern abgesehen, es sogar keine Notdürftigen
in der Stadt geben würde, und daß alles das ich vollbringen werde."[2]

Der Narzißmus ist eine Verstärkung des Individual-Ichs
durch die Energie des Sexual-Ichs, — „die libidinöse Ergänzung zum Egoismus des Selbsterhaltungstriebes." (Freud.)
Durch die Sexualenergie gestärkt, strebt das Individual-Ich
nicht nur zur Selbsterhaltung, resp. Selbstbehauptung, sondern
auch dazu, daß alles durch das eigene Ich bestimmt wird.
Diese Strebung, das Leben der ganzen Welt durch sich
selbst zu bestimmen, ist eine teuflische Strebung. Wenn

---

1) Birjukow, I, 251.
2) „Was sollen wir tun?" L. c.

ein großer Narziß, wie Tolstoi, Satan gleicht, so gleichen die gewöhnlichen Narzisse den kleinen Teufelchen.

Wenn der Zusammenhang des Rationalismus mit der autoerotischen Schaulust nicht klar genug erscheint, müssen wir unsere Aufmerksamkeit auf die Tatsache der mehrfachen Determinierung lenken. Die autoerotische Schaulust erweitert sich zur Selbstbewunderung überhaupt und zur Bewunderung der eigenen Gedankengänge im besonderen. Es gesellt sich noch eine andere determinierende Ursache hinzu, nämlich die Liebe zum Nachdenken. Mit dieser Liebe zum Nachdenken bei Tolstoi werden wir uns im Kap. V beschäftigen. (Auch sie ist libidinösen Ursprungs.) Auf solche Weise wird die überwiegende Zahl der Seelenerscheinungen mehrfach determiniert.

Gehen wir jetzt zu den Zeigelusterscheinungen über. Die Gräfin A. A. Tolstoi, Tante von Leo Tolstoi, eine hochgebildete Dame, sagte von ihrem berühmten Neffen, daß seine ganze Tätigkeit darauf gerichtet sei, Staunen hervorzurufen. Wenn Jemand aber Staunen zu erregen strebt, so heißt es, daß er seine Mitmenschen einlädt, an seiner Selbstbewunderung teilzunehmen. Das ist Tolstois Grundstrebung, insofern er ein Narziß ist. Die ganze Persönlichkeit und Tätigkeit Tolstois werden uns unbegreiflich bleiben, wenn wir nicht auf diese seine Zeigelust und die daraus entspringenden Extravaganzen achten. Ein Beispiel aus der Kinderzeit: „Einmal kam er in den Salon und machte vor jedem rücklings eine Verbeugung, den Kopf neigend und grüßend.“[1] (Solche Streiche, wenn sie unmotiviert gehäuft vorkommen, sind imstande, einen Verdacht auf Dementia

---

1) **Birjukow, I,** 117.

praecox hervorzurufen.) „Einmal kam er auf die Idee, sich
die Augenbrauen wegzurasieren; und er führte es aus, ent-
stellte damit nur noch ein Gesicht, das niemals besonders
schön gewesen war, und bereitete sich selbst dadurch viel
Leid."[1] „Aus unbekannten Gründen (er behauptet nun selbst,
er habe es einfach getan, um etwas Ungewöhnliches zu tun,
und die anderen zu überraschen,) war Lewotschka auf die
Idee gekommen, aus einem Fenster des zweiten Stockwerkes
mehrere Ellen tief hinab zu springen." Und er hat diese
Absicht ausgeführt. „Zum Glück waren keine Knochen gebrochen und die schädlichen Folgen auf eine leichte Gehirn-
erschütterung beschränkt."[2] Möglicherweise war es ein Flug-
versuch? „Tolstoi selbst erzählte im Familienkreise in meiner
Gegenwart, daß er als sieben- oder achtjähriges Kind nur
einen Wunsch hatte, den zu fliegen. Er bildete sich ein,
daß man es könne, wenn man auf den Fersen kauere
und mit den Armen die Knie umschließe, und daß man
umso höher fliege, je fester man die Knie hielte."[3]

Fet erzählt von Leo Tolstoi als jungem Gutsbesitzer:
„Auf unsere Nachfrage gab uns der Graf (Nikolaus Tolstoi)
mit unverhohlenem Vergnügen folgende Auskunft über seinen
geliebten Bruder: Lewotschka, sagte er, tut sein Bestes, um
mit dem Leben und der Arbeitsweise der Bauern, von denen
wir alle sehr wenig wissen, vertraut zu werden . . . . . Turn-
übungen stehen in keinem Widerspruche zur Landwirtschaft.
Sein Verwalter sieht die Sache jedoch anders an. Ich wollte
mir Befehle holen, sagte er, doch der Herr hängt in seiner

---

1) Birjukow, I, 116.
2) Ebenda. (Aus Erzählungen von Tolstois Schwester Maria Nikolajewna.)
3) Birjukow, I, 118.

roten Hose mit einem Knie an der Stange, den Kopf nach
unten schwingend, wobei sein Haar wild flattert und sein
Gesicht ganz purpurrot ist. Ich wußte wirklich nicht, ob
ich seine Befehle entgegennehmen oder dastehen und mich
über ihn wundern solle."[1]

Dem amerikanischen Schriftsteller Schyler erzählt Tolstoi:
„Als ich zum zweitenmal ins Ausland ging, besuchte ich
Auerbach, ohne meinen Namen zu nennen. Als ich ins
Zimmer trat, sagte ich bloß: ‚Ich bin Eugen Baumann.'
(Der Held einer Auerbachschen Geschichte.) Und als er Erstaunen zeigte, beeilte ich mich, rasch hinzuzusetzen: ‚Nicht
gerade dem Namen, aber dem Charakter nach.'" Auerbach
erinnerte sich an diesen Vorfall und sagte Schyler: „Ja, ich
erinnere mich des Schreckens, den mir der wunderlich aus-
sehende Herr verursachte, als er mir sagte, er wäre Eugen
Baumann; fürchtete ich doch, daß er mir mit einer Ver-
leumdungs- oder Ehrenbeleidigungsklage drohen würde."[2]

Solche Beispiele von Extravaganzen kann man in
Tolstois Biographie massenhaft finden. Turgeniew sagte von
Tolstoi: „Nicht ein Wort, nicht eine Bewegung ist natürlich
an ihm. Er posiert beständig und es ist mir rätselhaft, wie
ein so kluger Mann diesen kindlichen Stolz auf seinen
dummen Grafentitel haben kann."[3] Dabei dürfen wir nicht
vergessen, daß Turgeniew Tolstois künstlerisches Genie außerordentlich hoch schätzte.[4] Über die nachkritische Periode
berichtet S. A. Behrs, daß schon am Tage seiner Ankunft

---

1) F e t s Erinnerungen. B i r j u k o w, I, 547.
2) B i r j u k o w, I, 574.
3) Ebenda, 281.
4) Ebenda, 285.

Leo Nikolajewitsch „seinen ernsten Ton", seine neue, fast
„mönchische Stille" nicht aufrecht zu erhalten vermochte,
„sicherlich meinen Kummer über den Eindruck, den er auf
mich hervorgebracht, erratend, scherzte er zu unser aller
Freude mit mir und sprang plötzlich auf meinen Rücken,
als ich im Saale auf und ab ging."[1]

Die Neigung zu Extravaganzen, von denen wir Beispiele
soeben in Tolstois Handlungen beobachtet haben, durchdringt
sein Wesen bis zum höchsten Gipfel seiner Gedanken. Zum
Beispiel, in seinem Briefe an die Gräfin A. A. Tolstoi lesen
wir: „diese Laufbahn (d. h. die Annäherung an Gott) ist
freudig, erstens darum, weil je näher zum Licht, desto besser;
zweitens dadurch, daß man bei jedem neuen Schritte sieht,
wie wenig man getan hat und wie viel noch von diesem
freudigen Wege übrig bleibt." Ganz richtig meint Bulgakow,[2]
daß im Vergleich mit der feurigen Sprache des Künstlers
Tolstoi alle Versicherungen des räsonierenden Predigers wie
kindliches Lallen klingen. Alle Leute meinen, daß das Erreichen des gestellten Zieles freudig sei, und freudig ist auch
die Annäherung an das Ziel. Tolstoi zeigt auch hier seine
oppositionelle Einstellung und die beständige Strebung, Staunen
zu erregen: erfreuend ist nicht das Bewußtsein der Annäherung, also der Verkürzung des Weges, sondern seine
Länge! So manifestiert sich auch in diesem verschrobenen
Denken seine Neigung zur Extravaganz.

Der Grundakt jedes Lebewesens ist die Organisation
der zu ihm gelangenden Eindrücke. Dieser Grundakt hat

---

1) **Mereschkowski**, a. a. O. S. 64.

2) **Menschengott und Menschentier.** (Über Tolstois Werke „Der Teufel"
und „Vater Sergius".) Russ. 1912.

als Ziel die Selbsterhaltung, bezw. die Selbstbehauptung. Mit
anderen Worten, der Grundakt ist: die Formgebung aller
anderen Ichs durch das Individual-Ich. Das momentan-
statische Resultat dieser Formgebung nennen wir „Zustand". Die Art und Weise des Überganges eines Seelenzustandes in einen anderen nennen wir Temperament.
Tolstois Grundakt wird dadurch charakterisiert, daß die
Energie seines Individual-Ichs durch die Sexualenergie gestärkt wird. Sein Individual-Ich ist narzißtisch. Das narzißtische
Ich wird durch die Schätzungsakte — die Selbstüberschätzung und die Unterschätzung der Anderen — charakterisiert. Im inter-individuellen Milieu führt die Selbstüberschätzung zu den Zuständen des Stolzes und der Eitelkeit. Aus Selbstüberschätzung, Stolz, Eitelkeit usw. folgen
der Oppositionszustand, das Streiten, die „teuflischen" Akte
(d. h. das Streben, selbst die Ursache alles Geschehens zu
sein), die narzißtische Identifizierung, die Einsamkeit. —
Falls die narzißtischen Akte mißlingen, haben wir die Eifersucht. Anderseits führt die Selbstüberschätzung zu der Liebesprovozierung der Mitmenschen. Diese Liebesprovozierung bedingt
die beständige Beachtung der fremden Meinung, staunen-
erregende Akte, Extravaganzen, Zeigelustakte, Posierungsakte.
Im innerseelischen Milieu hat die narzißtische Einstellung
die Selbstgenügsamkeit zu Folge (was seinerseits die Unzugänglichkeit in inter-individuellen Verhältnissen bedingt).
Die Selbstüberschätzung führt zur Selbstbewunderung, unter
anderem zur Bewunderung des eigenen Gedankenganges,
zum Glauben an die Allmacht der Gedanken, zu magischen
Akten, zu Größenwahn, zu Rationalismus (eine der Wurzeln!).
Andererseits beeinflußt die Neigung zu Extravaganzen auch
das Innenleben des Individuums und führt zur Verschrobenheit

des Gedankenganges, während die oppositionelle Einstellung zum Sich-selbst-Widersprechen führt.[1]

Alle diese Erscheinungen stellen eine komplizierte Weiterentwicklung zweier Grundphänomene dar: 1. des stark angelegten Individual-Ichs, was seinen Ausdruck in der aktionsstarken Muskulatur findet, und 2. der Libidobesetzung dieses Individual-Ichs, was seinen Ausdruck in der autoerotischen Schaulust findet.

Nehmen wir ein beliebiges Seelenerlebnis Tolstois, so finden wir da immer die Elemente des Narzißmus, der seinen ersten und prägnantesten Ausdruck eben in der autoerotischen Schaulust noch während der Säuglingszeit bekommen hat. Jedes Erlebnis, dynamisch betrachtet, kann man mit einem Flusse vergleichen, der seine Wasser aus verschiedenen Nebenflüssen erhält. Zwar ist es schwer, im großen Flusse die Gewässer seiner Nebenflüsse zu unterscheiden, aber dennoch müssen wir bei der Analyse diese Unterscheidung machen. Ebenso finden wir in den komplizierten Seelenerlebnissen Elemente verschiedenen Ursprungs, die, dieser Verschiedenheit ungeachtet, ein einziges Ganzes bilden.

Die zweite Erinnerung erhebt eine sehr wichtige Frage: „Die Neuheit der Eindrücke von der Kleie weckte mich und ich bemerkte zum ersten Mal meinen kleinen Körper und fing an . . . . . ihn zu lieben." Man kann sich folgende

---

1) Bei der in Kap. 1 angeführten Auffassung des Individual-Ichs und bei der Feststellung des innerseelischen Milieus verliert der Gegensatz zwischen Individuum und Milieu seine Schärfe, wie er für den Gegensatz von Individual- und Sozialpsychologie von Freud festgestellt ist. („Massenpsychologie und Ich-Analyse." Leipzig und Wien 1921.) Freud sagt: In der Individualpsychologie kommt man nur selten in die Lage, von den Beziehungen des Einzelnen zu anderen Individuen abzusehen. Wir können aber noch hinzufügen, daß das Individuum „mit sich selbst allein" in der Gesellschaft (der Sub- und Supra-Ich) verbleibt.

sukzessive Reihe der Entwicklung vorstellen: 1. Der Säugling
leidet an Flechten; 2. man reibt ihn mit Kleie; 3. dieses
Ereignis lenkt die Aufmerksamkeit des Säuglings auf seinen
eigenen Körper und auf die entblößten Arme der Njanja
usw.; 4. beim Säugling entwickelt sich Sinnlichkeit mit
überwiegender Richtung auf seinen eigenen Leib; 5. der
sinnliche Genuß am eigenen Leib geht in Selbstbewunderung, resp. Selbstliebe überhaupt über. In Form einer
Karikatur könnte man sagen: Hätte der Säugling Tolstoi
keine Flechten, würde man ihn nicht mit Kleie reiben,
dann hätte er seinen Leib nicht zu lieben angefangen, usw.
Mit einem Wort, gäbe es keine Flechten und keine Kleiekur, hätten wir keinen „Tolstoi". Wie jede Karikatur einen
Teil Wahrheit, so auch hier. Wenn wir Tolstoi als eine
historische Erscheinung, als ein einmaliges, unwiederholbares,
unersetzbares Individuum betrachten, so müssen wir sagen,
daß die oben angeführte Entwicklungsreihe tatsächlich statt-
gefunden hatte. Zweifellos hatten die Flechten und die Kleiekur auch ihre Bedeutung.[1] Aber selbstverständlich kann man
ihnen keine die Persönlichkeit determinierende Kraft zuschreiben. Nicht jeder Säugling, den man mit Kleie reibt,
wird zu einem Tolstoi. Die Persönlichkeit ist selbstaktiv und
ihre Entwicklung wird durch ihre eigene Energie bestimmt,
trotz des beständigen Vorhandenseins von Gegenkräften der
Umgebung. Wenn es keine Flechten und keine Kleiekur geben
würde, so würde das narzißtische Gepräge der Persönlichkeit

---

1) „Die bei der Analyse nicht selten ermittelte Bedeutung der Exantheme in
Traum und Neurose geht nach einem Hinweis Freuds auf den Umstand zurück,
daß Ausschläge in der Kindheit dem von der Erziehung zur Schamhaftigkeit
angehaltenen Kinde die beste Gelegenheit zu ungestraften Entblößungen vor
seiner Umgebung und zur Selbstbeschauung bieten." O. Rank, Psychoanal. Bei-.
träge zur Mythenforschung. 1919, S. 211.

bei einem anderen Anlasse erwachen. Aber tatsächlich offenbarte
es sich bei Tolstoi eben bei der Kleiekur. So sehen wir im
Akzidentellen das Gesetzmäßige.

Bevor wir zu den heteroerotischen Erlebnissen bei
Tolstoi übergehen, wollen wir Tolstois Erzählung „Vater
Sergius" analysieren, in der er in künstlerischer Form die
Entwicklung des Narzißmus darstellt. Wie in jedem wahr-
haft künstlerischen Werke, so ist auch in „Vater Sergius"
der organische Charakter der Themaentwicklung klar ausgeprägt.

IV

ÜBER DEN NARZISSMUS

*„Die zwei entgegengesetztesten Ideen, die
es überhaupt auf Erden geben kann, sind
aufeinander gestoßen: der Menschengott steht
dem Gottmenschen gegenüber, der Apollo von
Belvedere und Christus."*

DOSTOJEWSKI.

Tolstoi selbst kannte und beobachtete fortwährend den
Narzißmus in sich. Diese Beobachtungen verwertete er in
künstlerischer Form in der Erzählung „Vater Sergius".[1]
(Geschrieben in den Jahren 1890, 1891, 1898. Gedruckt
nach seinem Tode.)

Der Fürst Stephan Kassatsky „schien äußerlich ein ganz gewöhnlicher junger, glänzender Garde-Offizier zu sein, der seine Karriere machte,
aber in seinem Innern ging eine komplizierte und gespannte Arbeit vor
sich. Die Arbeit ging von seiner Kindheit an vor sich, scheinbar die
allermannigfaltigste, aber im Grunde immer ein und dieselbe; und sie
bestand darin, in allen Geschäften, die sich auf seinem Wege vorfanden,
Vollkommenheit und Erfolge zu erreichen, die das Lob und das
Staunen der Menschen hervorrufen sollten. Handelte es sich um
Lernen, um Wissenschaften — so machte er sich daran und arbeitete so
lange, bis man ihn lobte und den anderen als Beispiel hinstellte. Wenn
er etwas erreicht hatte, so nahm er etwas anderes vor. So errang er
den ersten Platz im Lernen; so geschah es, daß er, noch in der

---

1) Leo Tolstoi. Vater Sergius. Prag. 1920. (Russ.)

Kadettenschule, als er seine Ungeschicklichkeit in der französischen Sprache bemerkt hatte, es dahinbrachte, das Französische ebensogut zu beherrschen wie das Russische; und so geschah es später, als er sich mit dem Schachspiele beschäftigte, daß er, noch in der Kadettenschule, ausgezeichnet zu spielen begann . . . . Er hatte immer ein Ziel vorgesteckt und, wie unbedeutend es auch war, er ergab sich ihm ganz und lebte nur für dieses Ziel, bis er es erreichte . . . . Eben diese Strebung, sich auszuzeichnen und, um sich auszuzeichnen, das gesteckte Ziel zu erringen, erfüllte sein Leben . . . . Er wurde sehr bald ein musterhafter Offizier."

Woher entsteht beim Menschen das Streben nach Vollkommenheit? Das kleine Kind ist immer mehr oder weniger ein Narziß. „Der Reiz des Kindes beruht zum guten Teil auf dessen Narzißmus, seiner Selbstgenügsamkeit und Unzugänglichkeit." (Freud[1]) Das Kind überschätzt seine Kräfte, leidet an Größenwahn. Es wünscht nicht nur „groß und erwachsen" zu sein, sondern hält sich zeitweise schon dafür. Die Vorstellung vom eigenen Ich, die sich beim Kinde entwickelt, entspricht der Wirklichkeit nicht, es spiegelt sich eben das wirkliche Ich in dieser Vorstellung in übertriebener Form. Der Zusammenstoß mit der realen Welt zeigt dem Kinde diese Überschätzung des eigenen Ichs. Dann bekommt das Kind eine der Wirklichkeit mehr entsprechende Vorstellung seines Ichs und die überschätzte Vorstellung wird zum Ideal-Ich. „Diesem Ideal-Ich gilt nun die Selbstliebe, welche das wirkliche Ich genoß. Der Narzißmus erscheint auf dieses neue, ideale Ziel verschoben, welches sich, wie das infantile im Besitz aller wertvollen Vollkommenheiten befindet. Der Mensch hat sich hier, wie jedesmal auf dem Gebiete der Libido, unfähig erwiesen, auf die einmal genossene Befriedigung zu verzichten. Er will die

---

1) Zur Einführung des Narzißmus. Sammlung kleiner Schriften zur Neurosenlehre. Vierte Folge. Leipzig und Wien 1918. S. 96.

narzißtische Vollkommenheit seiner Kindheit nicht entbehren, und wenn er diese nicht festhalten konnte, durch die Mahnungen während seiner Entwicklungszeit gestört und in seinem Urteile geweckt, sucht er sie in der neuen Form des Ichideals wieder zu gewinnen. Was er als sein Ideal vor sich hin projiziert, ist nur der Ersatz für den verlorenen Narzißmus seiner Kindheit, in der er sein eigenes Ideal war." (Freud)

So sehen wir beim heranwachsenden Kinde die Libido auf das Ideal-Ich gerichtet. Die Strebung, daß das wirkliche Ich dem Ideal-Ich entspreche, ist die Strebung zur Vollkommenheit, und diese Strebung zur Vollkommenheit ist libidinösen, bezw. narzißtischen Ursprungs.

Das Streben nach Vollkommenheit kann auch ein Selbstziel sein, als Ausdruck der Entfaltung, der Machtentwicklung des Individual-Ichs. Jeder natürliche Prozeß strebt, das Tätigkeitsmaximum zu erreichen (Karpow). Aber Stephans Streben nach Vollkommenheit war eben ein narzißtisches, weil es keinen Selbstzweck darstellt, sondern nur ein Mittel, sich auszuzeichnen und das Lob und die Bewunderung der Menschen auszulösen.

Es entsteht nun die Frage, ob das Streben nach Vollkommenheit von dem Supra-Ich auszugehen vermag. Auf diese Frage müssen wir bejahend antworten, aber das vom Supra-Ich ausgehende Streben nach Vollkommenheit trägt ein besonderes Gepräge: es ist immer einseitig, d. h. es ist das Streben nach einer speziellen Vollkommenheit, z. B. nach Vollkommenheit in der Wissenschaft,[1] nach religiöser Vollkommenheit usw. Das ergibt sich aus der Natur des Supra-Ichs, das, als Ganzes, das menschliche Individuum als

---

1) Der berühmte humoristische Philosoph Kusma Prutkow sagt: „Der Spezialist ist einer Zahngeschwulst ähnlich — seine Fülle ist einseitig."

einen Teil betrachtet und es dementsprechend zum speziellen Zweck benutzt. Die Strebung zur mannigfaltigen Vollkommenheit kann nur individualistisch, resp. narzißtisch sein. Nun wollen wir die Analyse der Erzählung „Vater Sergius" fortsetzen.

Der Garde-Offizier Fürst Stephan „faßte den Gedanken, eine glänzende Stellung in der höchsten Welt zu erringen . . . . Er war gewohnt der Erste zu sein, und in dieser Beziehung war er es bei weitem nicht. Dazu mußte man entweder Flügel-Adjutant sein — und er erwartete diese Ernennung — oder in diese Kreise heiraten. Und das beschloß er zu tun."

Mit dieser Absicht machte er einer jungen Gräfin, die sehr anziehend war, den Hof und verliebte sich in sie. Sein Antrag wurde angenommen. „Er war über die Leichtigkeit erstaunt, mit welcher er solch ein Glück erlangte . . . . Er war sehr verliebt und blind und darum bemerkte er das nicht, was fast alle in der Stadt wußten: daß seine Braut vor einem Jahre die Geliebte von Nikolai Pawlowitsch [Kaiser Nikolaus I.] gewesen war."

Als seine Braut es ihm eingestanden hatte, lief Fürst Stephan erschrocken und beleidigt davon. „Wenn der Geliebte seiner Braut ein gewöhnlicher Mensch gewesen wäre, hätte er ihn getötet, aber er war der angebetete Zar." Und „da geschah in Petersburg . . . . ein Ereignis, das alle erstaunte: der schöne Fürst, der Hauptmann der Leib-Eskadron des Kürassier-Regiments, dem alle die Ernennung zum Flügel-Adjutanten und eine glänzeede Karriere bei dem Kaiser Nikolaus I. prophezeiten, bat um seinen Abschied, einen Monat vor seiner Hochzeit mit einem schönen Hoffräulein, das sich der besonderen Gunst der Kaiserin erfreute, brach mit seiner Braut, gab sein Gut seiner Schwester und begab sich in ein Kloster mit der Absicht, dort als Mönch einzutreten."

Fürst Stephan wurde Mönch unter dem Namen Sergius. „Einzig seine Schwester, die ebenso stolz und ehrgeizig wie ihr Bruder war, verstand ihn. Sie verstand es, daß er Mönch wurde, um über denjenigen zu stehen, die ihm zeigen wollten, daß sie über ihm stehen. Und sie verstand ihn richtig. Indem er Mönch wurde, zeigte er, daß er alles dasjenige verachte, was den anderen und ihm selbst so

wichtig schien zu der Zeit, als er diente, und daß er auf eine solche
neue Höhe steige, daß er von oben herab auf die Leute sehen könne,
die er früher beneidete. Aber nicht allein dieses Gefühl, wie es seine
Schwester sich vorstellte, leitete ihn . . . . In ihm war auch ein anderes:
ein echt religiöses Gefühl, welches seine Schwester nicht kannte,
welches sich mit dem Gefühl des Stolzes und dem Wunsch, Erster zu
sein, zusammenflocht."

Hier ist die Einkleidung des Fürsten Stephan präzis als ein
narzißtischer Akt erklärt. Der Stolz und der Ehrgeiz waren
dabei als Hauptmotive tätig. Die Beteiligung des Supra-Ichs
(das Vorhandensein des echt religiösen Gefühls) hilft nur der
Realisierung des Strebens, ohne eine bedeutende Rolle dabei
zu spielen, gerade so, wie der Heiratsantrag des Fürsten
Stephan auch unter der Beihilfe des Sexual-Ichs (der Objektlibido), als einer Nebenursache, stattfand. Sergius ergab sich
einem „Greise".

„Auch im Kloster fand er Freude im Erringen der größten, sowohl äußeren wie auch inneren Vollkommenheit. Wie im Regiment
tat er mehr, als gefordert wurde . . . . Aber es gab Augenblicke,
wo die Reue über seine Bekehrung ihn ergriff . . . . Und das dauerte
einen Tag, manchmal zwei, und verging dann von selbst . . . . So
verlebte Sergius im ersten Kloster, wohin er eingetreten war, sieben
Jahre . . . . Im siebenten Jahre seines Klosterlebens wurde es Sergius
langweilig. Alles, was man erlernen sollte, alles was zu erreichen
war, hatte er erreicht, und weiter gab es nichts zu tun." Sergius
bekam eine Ernennung in ein bei der Hauptstadt gelegenes Kloster.
„Im früheren Kloster quälte die Sexualverführung Sergius wenig,
hier aber erhob sich diese Verführung mit furchtbarer Kraft. Aber
Sergius überwand sie. Dagegen konnte er seine Antipathie gegen den
Abt des neuen Klosters nicht beherrschen. Er bemühte sich, hörte aber
nicht auf, in seiner Seelentiefe den Abt zu verurteilen." Nach einem
Inzidente mit dem Abte bat Sergius seinen Greis um Überführung
zurück in sein früheres Kloster. Der Greis antwortete ihm: „Man
braucht Einsamkeit, um den Stolz zu demütigen", und gab ihm seinen

Segen dazu, in ein drittes Kloster zu fahren und dort Einsiedler zu werden.

Sergius wurde Einsiedler und wohnte in einer Höhle, die in einen Berg gegraben war. „Sein Leben war schwer — nicht durch die Last des Fastens und des Betens: das war keine Arbeit — sondern durch den inneren Kampf, den er gar nicht erwartet hatte. Der Quellen des Kampfes waren zwei: Zweifel und sexuelle Begierde, und beide Feinde erhoben sich immer zusammen."

„Du Niederträchtiger, Niederträchtiger! Willst ein Heiliger sein, — begann er sich zu schelten. Und er fing an zu beten. Aber wie er nun zu beten anfing, stellte er sich lebhaft vor, wie er selbst im Kloster ausgesehen: in hoher Mönchskappe, im Ordensmantel, eine imposante Gestalt. Er schüttelte den Kopf. Nein, es ist nicht recht. Es ist ein Betrug. Andere werde ich betrügen, aber mich selbst und Gott nicht. Ich bin kein großer Mensch, sondern ein armseliger, lächerlicher! Und er schlug den Rand seiner Mönchskleidung zurück und schaute auf seine kläglichen[1] Beine in Unterhosen und lächelte."

Hier ist kurz und präzis der ambivalente Charakter von Vaters Sergius', bezw. Tolstois Narzißmus ausgedrückt.

Der Narziß liebt sich selbst! Wie kann denn der Narziß sich hassen? Liebe und Haß sind ein Gegensatzpaar. Wie ist solch eine Gegensätzlichkeit in einem Individuum im Verhältnis zu ein und demselben Gegenstande zu verstehen und zu erklären? Halten wir uns als Beispiel eben an Sergius' Charakter.

Das Individual-Ich strebt zum Maximum seiner Machtentwicklung hin. Das Sexual-Ich bewundert diese Tätigkeit und besetzt das Individual-Ich mit seiner Energie. Unterdessen zeigt das Realleben die Schwäche des Individual-Ichs. In seiner sekundären, bewußtmachenden Tätigkeit überzeugt

---

1) Im russischen Text steht das Wort *„jalky"* *(„j"* ist zu lesen, wie im Französischen *„journal"*) — Adjektiv vom Zeitwort *„jaljet"*, was zugleich „bedauern" und „lieben" bedeutet. Also, kann man den Ausdruck „klägliche Beine" auch als „liebe Beine" verstehen — Regression zur autoerotischen Schaulust !

sich das Individual-Ich von der Inkongruenz zwischen seiner
Vorstellung seines eigenen Selbst und seinem Realwesen. Die
überschätzte Vorstellung vom eigenen Selbst wird zum Ideal-
Ich. Das Sexual-Ich nimmt seine Libido vom aktuellen Ich
und überträgt dieselbe auf das Ideal-Ich.
Woher kommt aber der Haß? Betrachten wir zuerst
das Wesen des Egoismus, die Ichhaftigkeit.

In seinem Streben nach Allmacht verschlingt und
assimiliert das Ich die anorganische Natur, die Pflanzenwelt.
Das Ich tötet und verschlingt die Tierwelt. Wenn das Ich
die Pflanzen- und Tierwelt nicht ganz vernichtet, so verändert es sie nach seinem Willen, indem es Getreide und
Vieh züchtet. Das Ich verwandelt die Tiere in Instrumente.
Es geht in seinem Streben nach Allmacht noch weiter: es
verwandelt seine Mitmenschen in Sklaven, das heißt, es betrachtet sie als Arbeitsvieh oder sogar als Maschinen (Früher
gab es sogar Menschenfresser). Auch hier macht die Gier des
Ichs zur Allmacht nicht halt; es strebt, sich die Seelenwelt
unterzuordnen, indem es die Geisteskraft, die Talente und
Fertigkeiten anderer Menschen zwingt, seinem Aufblühen zu
dienen. Das Ich strebt, sich auch der Urkräfte zu bemächtigen:
es verschlingt den Raum mit seinen Automobilen, bezwingt
das Wasser mit seinen Unterseebooten und besiegt die Luft
mit den Aeroplanen. Was für einen Charakter hat denn die
Aktivität des Ichs im Allgemeinen? Aus dem Baum macht
es Holz, aus dem Ochsen — Beefsteak, aus dem Menschen
— eine Maschine, das heißt, es depersonalisiert alles.[1] So
sieht der Ichtrieb aus, überhaupt die Ichhaftigkeit.

---

1) Der Gedanke von der Depersonalisation der Welt durch den Menschen
stammt aus dem Buche Herschensohns: „Das dreifache Bild der Vollendung",
(Russ.), das ich leider nicht bei der Hand habe.

Das Ich begegnet nicht nur in der Natur, den Pflanzen, Tieren und den anderen Menschen einer Gegenmacht, das Ich findet eine Gegenmacht auch im Bereiche des Individuums selbst. Die gesamte Aktivität des Individuums ist nicht nur egoistisch, sondern auch altruistisch. Den Altruismus vertritt in erster Linie die Genitalfunktion. Der Genitaltrieb ist seinem Charakter nach dem Ichtriebe gerade entgegengesetzt. Das Ziel der Genitalfunktion ist die Zeugung und die Ernährung des Kindes; das Kind kann in der ersten Zeit nicht ohne die Mutter existieren. Und diese Bindung „Mutter-Kind" liegt allen sozialen Organismen zu Grunde. Die Mutterschaft zeichnet sich durch Zärtlichkeit, Angst um die Existenz des Kindes, Zorn über diejenigen, die es beleidigen, aus. Folglich ist hier die Achtung der Persönlichkeit gegeben; hier ist keine Depersonalisation, sondern im Gegenteil Verehrung der Person. So sieht der Genitalbezw. der Sexualtrieb aus, überhaupt die Geschlechtlichkeit.

Wir haben also den Ichtrieb, bezw. das individuelle Sub-Ich als Vertreter des Egoismus, des Strebens zur Allmacht, zum Weltherrschen, zur Depersonalisation des Weltalls kennen gelernt. Für das Individual-Ich zerfällt die Welt in zwei Teile: den einen Teil verleibt sich das Individual-Sub-Ich ein, den andern betrachtet es als seinen Feind, haßt diesen Teil der Welt oder ist ihm gegenüber gleichgültig. Der Haß stammt von den Ichtrieben. „Man kann behaupten, daß die richtigen Vorbilder für die Haßrelation nicht aus dem Sexualleben, sondern aus dem Ringen des Ichs um seine Erhaltung und Behauptung stammen (Freud[1]).

---

1) Triebe und Triebschicksale. A. a. O.

Individuelles Sub-Ich $\overset{\text{Einverleiben}}{\underset{\textit{Hassen}\quad b}{\diagdown\quad a}}$ Außenwelt

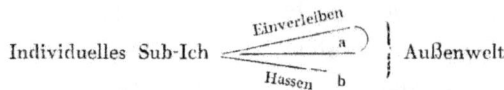

Dagegen haben wir den Genital-, resp. Sexualtrieb —
das sexuelle Sub-Ich — als Vertreter des Altruismus, des
Strebens zur Selbstopferung, zur Verehrung der Person kennen
gelernt. Das Wesen der Ichhaftigkeit ist die Depersonalisation,
das Wesen der Geschlechtlichkeit ist die Persönlichkeitsachtung.
— Vom Sexualtriebe stammt die Liebe. Für das
Sexual-Sub-Ich zerfällt die Welt auch in zwei Teile: den
einen Teil liebt das Sexual-Ich, den anderen betrachtet es als
Feind, der eventuell dem Geliebten Schaden bringen kann,
und diesen Teil der Welt haßt es oder ist ihm gegenüber
gleichgültig.

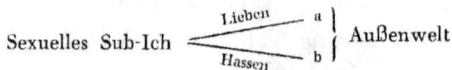

Sexuelles Sub-Ich $\overset{\text{Lieben}}{\underset{\textit{Hassen}\quad b}{\diagdown\quad a}}$ Außenwelt

Das Sexual-Ich kann hassen, eben dank seiner Ich-Natur,
seiner Ichhaftigkeit. Eine Mutter, die ihr Kind liebt, haßt
alle diejenigen, welche gegen ihr Kind feindlich gesinnt sind —
Familienegoismus.

„Liebe und Haß, die sich uns als volle materielle Gegen-
sätze vorstellen, stehen also doch in keiner einfachen Beziehung
zueinander. Sie sind nicht aus der Spaltung eines Urgemein-
samen hervorgegangen, sondern haben verschiedene Ursprünge."
(Freud[1]).

Wollen wir jetzt diese Verhältnisse auf das Seelenleben
des Individuums anwenden, d. h. auf das innerseelische Milieu,
so können wir sagen: Das Sexual-Ich haßt das aktuelle Ich

---

1) A. a. O.

(= das Individual-Sub-Ich), wenn es das Ideal-Ich liebt, weil das aktuelle Ich die Realisation des Ideals stört.

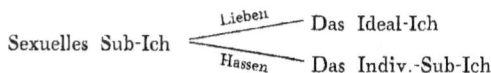

$$\text{Sexuelles Sub-Ich} \quad \overset{\text{Lieben}}{\underset{\text{Hassen}}{\raisebox{0pt}{$\prec$}}} \quad \begin{array}{l} \text{Das Ideal-Ich} \\ \text{Das Indiv.-Sub-Ich} \end{array}$$

Die Verhältnisse können sich aber ändern: das Individual-Ich kann sich in seinen Idealen täuschen, diese sogar hassen; dann wendet das Sexual-Ich seine Liebe dem aktuellen Ich, resp. einem fremden Ich zu.

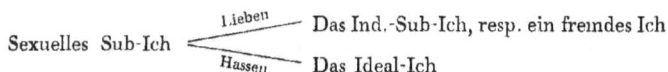

$$\text{Sexuelles Sub-Ich} \quad \overset{\text{Lieben}}{\underset{\text{Hassen}}{\raisebox{0pt}{$\prec$}}} \quad \begin{array}{l} \text{Das Ind.-Sub-Ich, resp. ein fremdes Ich} \\ \text{Das Ideal-Ich} \end{array}$$

Infolge dieser Art der Libidoverteilung besteht die Ambivalenz von Sergius' (oder Tolstois) Narzißmus darin, daß sein Sexual-Ich bald das ideale, bald das aktuelle Ich liebt. Ob sich Sergius (Tolstoi) vergöttere oder hasse, er bleibt immer im Bereiche des Narzißmus. Zugleich verstehen wir, daß lieben und hassen sich immer auf verschiedene Gegenstände beziehen, obgleich diese Gegenstände, dank der Vielseitigkeit der Menschennatur, sich in ein und demselben Individuum befinden können.

Die gewöhnlichen Narzisse unterscheiden ihr aktuelles Ich vom Ideal-Ich nicht, resp. haben keine Ideale. Sie sind ganz mit ihrem aktuellen Ich zufrieden und ungestört gehen sie in ihrer Selbstliebe, in der Vergötterung ihres Gesamt-Ichs, auf.

Es ist interessant, daß Sergius in der zitierten Beschreibung der Seelenerlebnisse sukzessiv zu Genüssen des Säuglingsalters, resp. der ersten Kindheit regrediert. Zuerst betet er sein Ideal-Ich an, haßt also alles, was der Realisierung desselben im Wege steht, d. h. sein wirkliches Ich. (Du Niederträchtiger, Niederträchtiger! usw.) Dann bewundert er seine

Erscheinung im ganzen (er stellt sich lebhaft vor, wie er
selbst im Kloster ausgesehen: „in hoher Mönchskappe, im
Ordensmantel, eine imposante Gestalt"), um nachher zur
autoerotischen Schaulust zurückzukehren („Die lieben, kläglichen Beine").

Am selben Tage (das war im sechsten Jahre von Sergius' Einsiedler-
leben), als Vater Sergius diesen inneren Kampf zu bestehen hatte, geschah
folgendes: eine lustige Gesellschaft aus der neben dem Kloster gelegenen
Provinzstadt wettete mit einer schönen jungen Strohwitwe Makowkina,
die behauptete, daß sie die Nacht bei Vater Sergius zubringen würde.
Makowkina klopfte bei Vater Sergius an, als er eben in einem Zustande
von schwankendem Seelengleichgewicht eingeschlafen war. Weiter folgt
das wunderbar dargestellte Bild der Verführung des Vaters Sergius durch
Makowkina. Sergius erlebte schwere Augenblicke der Sexualerregung.
Am Ende war er durch Makowkina gezwungen, sich ihr zu nähern.
Da er seiner Begierde nicht unterliegen wollte, hieb er sich den Zeige-
finger (Penissymbol!) der linken Hand mit einer Axt ab. Das übrig
gebliebene Gelenk des Fingers mit dem Saume seines Gewandes haltend,
näherte er sich der Dame. Nur auf diese Art blieb Sergius Sieger.
Makowkina ließ sich nach diesem Vorfall in einem Frauenkloster ein-
kleiden.

Alle diese Ereignisse wurden überall bekannt und der Ruhm von
Vater Sergius vermehrte sich. „Der Besucher begannen mehr und mehr
zu kommen, neben seiner Zelle ließen sich Mönche nieder und es
wurde eine Kirche und ein Gasthaus gebaut. Der Ruhm Vater Sergius',
seiner Taten, wie immer übertrieben, verbreitete sich weiter und weiter.
Man strömte von weit bei ihm zusammen und fing an, ihm Kranke zu
bringen, da man behauptete, daß er sie heile." Anfangs „suchte Vater
Sergius nicht einmal der Gedanke heim, daß er jemanden heilen könnte,"
aber dennoch geschahen viele solche Ereignisse nach seinem Segen, und
der Abt und die Mönche sorgten um ihn sehr, da er ihnen nützlich
war und sein Ruhm ihrem Kloster großes Ansehen und materielle Vor-
teile brachte.

Innerlich war Sergius trübe gestimmt. „Vater Sergius lebte schon
mehrere Wochen mit einem beständigen Gedanken: ob er gut tat,

sich der Lage hinzugeben, in welche er nicht so sehr durch sich selbst, als durch den Vorsteher und den Abt versetzt worden war. . . . . . Er fühlte, daß er immer mehr und mehr für die Menschen und nicht für Gott arbeitete . . . . er konnte sich nicht enthalten, sich dessen zu freuen, sich mit den Folgen seiner Tätigkeit, ihrem Einfluß auf die Menschen zu beschäftigen . . . . Er fühlte in seiner Seelentiefe, daß er sich ihrer freute, sich des Entzückens freute, welches ihn umgab. . . . . Es gab freilich eine Zeit, wo er sich entschloß, wegzugehen, sich zu verstecken. . . . . Aber sein gewöhnlicher Zustand war Ermüdung und Rührung über diese Ermüdung."

Vater Sergius erreichte äußerlich den höchsten Punkt der Karriere eines „Greises": er wurde zum angebeteten H e i l e r der menschlichen Körper und Seelen. Aber sein innerer Zustand war damals so unbefriedigend, daß er daran dachte, mit seiner Tätigkeit aufzuhören und sich zu verbergen. Was eigentlich verursachte seine Unbefriedigung? „Er fühlte in seiner Seelentiefe, daß der Teufel seine ganze Tätigkeit für Gott mit der Tätigkeit für Menschen vertauscht hatte." Vater Sergius macht hier einen auffälligen Fehler: der Teufel hatte nichts vertauscht, aber wie seine ganze Tätigkeit von Anfang an weder Gott noch den Menschen gewidmet war und nur ausschließlich seinem Selbst diente, so blieb sie auch jetzt dieselbe. V a t e r S e r g i u s b e s a ß k e i n e M e n s c h e n l i e b e. Anstatt zu fragen: für Gott oder für die Menschen, müßte man eine andere Frage stellen: für die Menschen oder für sich selbst? Die Antwort darauf ist leicht: für sich selbst. „Das alles (d. h. die ihn erwartende Besucherschar) war Vater Sergius längst bekannt und nicht interessant. Er wußte, daß er von diesen Leuten nichts Neues erfahren würde, daß diese Leute in ihm kein religiöses Gefühl hervorrufen konnten, aber er liebte es, sie zu sehen, als eine Menschenmenge, der er selbst, sein Segen, nötig und teuer waren, und darum war sie ihm gleichzeitig lästig und doch angenehm."

Einst fühlte sich Vater Sergius während des Gottesdienstes schlecht, überwand es aber und setzte den Gottesdienst fort. „Ja, so machen es die Heiligen", dachte er. Nach dem Gottesdienste segnete er das Volk und „beantwortete die Fragen mit einer Stimme, deren schwacher Ton ihn selbst rührte." [Narzißmus.] Am selben Tage wandte sich ein Kaufmann, der eine 22jährige Tochter hatte, mit einer Bitte an Vater

Sergius: „Besondere Schwäche hat sie keine, leidet nur an Neurasthenie,[1]
wie der Doktor sagte..... Heiliger Vater! Beleben Sie das Vaterherz,
stellen Sie seinen Stamm wieder her! Durch Ihre Gebete retten
Sie seine kranke Tochter! .... Am Tage geht sie nicht aus, hat
Lichtangst, und kann nur nach Sonnenuntergang herauskommen." Vater
Sergius erlaubte ihm, mit der Kranken am Abend zu kommen.

Es war ein wunderschöner Maiabend .... Sergius las ein Gebet,
in welchem er von seiner Weltentsagung sprach und eilte, es durchzu-
lesen, um nach dem Kaufmann mit der kranken Tochter zu schicken:
sie interessierte ihn dadurch, daß auch ihr Vater und sie selbst ihn für
einen Heiligen hielten, einen solchen, dessen Gebet erfüllt wird. ....
Man kommt tausende Werst gefahren, man schreibt in den Zeitungen,
dem Kaiser bin ich bekannt, in Europa, im ungläubigen Europa kennt
man mich, dachte er. Und plötzlich schämte er sich seiner Eitelkeit
und er fing wieder zu beten an .... Er erinnerte sich seiner
Gebete während der ersten Zeit seiner Einsiedelei, als er um die Gabe
der Reinheit, der Demut und Liebe betete, und wie es ihm damals
geschienen, daß Gott seine Gebete erhört hätte, wie er rein war und
sich den Finger abgehauen hatte. Und er erhob den in Falten gerunzelten
Fingerstummel und küßte ihn .... (!) Jetzt aber hatte er keine
Liebe, keine Demut und auch keine Reinheit. Er fragte sich, ob er
jemanden lieb habe .... ob er das Gefühl der Liebe zu all diesen Leuten,
die heute bei ihm gewesen, empfunden hatte .... Die Liebe, die von
ihnen ausging, war ihm angenehm und nötig, aber er fühlte keine
Liebe zu ihnen. Es war ihm angenehm gewesen zu erfahren, daß die
Kaufmannstochter 22 Jahre alt war, und er wünschte zu wissen, ob sie
schön sei. Und nach ihrer Krankheit fragend, wollte er eben wissen,
ob sie Frauenreiz hatte oder nicht .... Der Kaufmann kam mit
seiner Tochter, führte sie in die Zelle und ging sogleich weg. ....
Als das Mädchen vorüberging und neben ihm stehen blieb, erschrak er
selbst über die Art, wie er ihren Körper betrachtete .... Vater
Sergius sah an ihrem Gesicht, daß sie sinnlich und schwachsinnig war ....

---

1) Im Text steht „Neurasthenikerin", eine interessante Entstellung,
die ein russisches Wortspiel darstellt, indem das Wort „Nichtgutwachsende"
bedeutet, — ein gutes Beispiel der Volksetymologie, d. h. der Sinngebung des
Sinnlosen.

Er sagte: Wo hast du Schmerz? — Alles schmerzt mich, sagte sie und
ihr Gesicht erhellte sich plötzlich durch ein Lächeln. — Du wirst
gesund sein, sagte er, bete! — Wozu beten, ich habe gebetet, hilft
nichts! Und sie lächelte fortwährend. Beten Sie und legen Sie Ihre
Hände auf mich. Ich habe Sie im Traum gesehen, daß Sie mir so das
Händchen auf die Brust gelegt haben. Sie nahm seine Hand und drückte
sie auf ihre Brust. Da hierher. — Er gab ihr seine rechte Hand.
Wie heißt du? fragte er, am ganzen Körper bebend und fühlend, daß
er besiegt war, daß die Begierde schon seiner Beherrschung entzogen
war. — Marie. — Sie nahm seine Hand und küßte sie und dann faßte
sie ihn mit einer Hand um die Hüfte und drückte ihn an sich. — Was
machst du? sagte er. Marie, du bist der Teufel. — Nun, macht nichts.
Und sie setzte sich, ihn umarmend, mit ihm auf das Bett. . . . .

    Vater Sergius sündigte. [Hier beginnt ein neuer Teil der Erzählung,
der vom Autor nach 7 Jahren hinzugeschrieben wurde.] Bei Tages-
anbruch, während Marie schlief, schnitt sich Vater Sergius das Haar ab,
zog ein Bauernkleid an, welches er schon früher in einem Augenblick des
Zweifels besorgt hatte, und ging fort, seine Zelle auf immer verlassend.

    Wenn wir jetzt die ganze Laufbahn des Sergius über-
blicken, so sehen wir, daß sie die sukzessive Entwicklung
des Individual-Ichs, welches durch starke Sexualenergie
besetzt ist, darstellt, d. h. die sukzessive Entwicklung
eines mächtigen Narzißmus. Das Individual-Ich des
Knaben bemüht sich, sich seiner Umgebung zu bemächtigen,
nicht nur, um der Erste zu sein, sondern auch, um sich
selbst zu bewundern und als Gegenstand des Staunens und
der Bewunderung für andere zu dienen. (Narzißmus und
narzißtischer Exhibitionismus.) Dem Knaben gelingt es, dem
Offizier anfänglich auch. Aber hier tritt ein tragisches Ereignis ein. Worin liegt die Tragödie? Tolstoi gibt gegen seine
Gewohnheit, keine ausführliche Erklärung, weil sie ohnehin
auf der Hand liegt. Es ist die beleidigte Eigenliebe: Fürst
Stephan fürchtet sich vor dem Verdacht, daß er die Geliebte

des Kaisers absichtlich heirate, um die Gunst des Zaren zu
genießen, außerdem spielt hier Eifersucht eine Rolle; aber
sexuelle Eifersucht, obgleich sie eine komplizierte Erscheinung darstellt, ist im Grund genommen ein gestörtes
Eigentumsgefühl, sie entsteht aus Ichtrieben, nämlich aus
der Tendenz zur Einverleibung und tritt erst später in
den Zusammenhang der Sexualerlebnisse ein, wo sie wieder
der Ausdruck der Ichhaftigkeit ist. Mit einem Worte, Fürst
Stephan kann seine so glänzend angefangene Karriere nicht
fortsetzen. Er beginnt eine andere, eine solche, die sogar
höher ist, als die vorhergehende, weil sie schon den Bereich der nur irdischen Macht verläßt. Wenn Fürst Stephan
vorher davon schwärmte, dem Kaiser möglichst nah zu
stehen, so verwandelt sich jetzt dieser Wunsch in den, die
Nähe Gottes zu erringen. Folglich ist seine Einkleidung
nur eine Fortsetzung der narzißtischen Entwicklung. Im
Kloster verläuft Sergius' Leben in derselben Art, wie in
der Kadettenschule und im Regiment; er erreicht bald
alles, was zu erreichen möglich ist. Dann wird er in ein
anderes Kloster versetzt, wo er eine höhere Ernennung
bekommt, aber hier mißlingt ihm die weitere Karriere
wegen seines Charakters — seines Stolzes — und obgleich er noch viele Stufen zu durchlaufen hat, um den
höchsten Punkt in der Mönchskarriere zu erreichen, unter-
bricht er diese Karriere, um eine noch höhere zu beginnen und wird Einsiedler. Auch diese Karriere gelingt
ihm glänzend. Dessen ungeachtet bleibt Sergius unbefriedigt.
Logisch konsequent wäre es für Sergius, eine neue, noch
höhere Karriere zu beginnen, aber welche könnte das
sein?

Hier fällt er durch seine Sexualität.

Verweilen wir zuerst dabei, warum Sergius eigentlich kein echter Greis gewesen. Den wirklich heiligen Greis zeigt uns Dostojewski in seinem Vater Sossima („Die Brüder Karamasow"). Auch Sossima ist in seiner Jugend ein reicher Offizier gewesen, aber seine Bekehrung, sein Eintritt ins Kloster war durch kein äußerliches Ereignis, sondern durch ein inneres Erlebnis hervorgerufen. Er war hitzig und aufbrausend (dasselbe wird von Sergius berichtet) und da schlug er einmal wegen einer Kleinigkeit seine Ordonnanz ins Gesicht. „Ich legte mich schlafen," erzählt Greis Sossima, „schlief etwa drei Stunden, stehe auf, der Tag bricht schon an. Ich erhob mich plötzlich, wollte nicht mehr schlafen, näherte mich dem Fenster, öffnete es — es ging auf den Garten — ich sehe, die Sonne geht auf, es ist warm, schön, die Vögelchen fangen zu zwitschern an. Was ist es denn, denke ich, daß ich in meiner Seele gleichsam etwas Schändliches und Niedriges empfinde? . . . . Und da kam ich plötzlich auf den Gedanken, was es ist: ich habe gestern Abend Athanasius (die Ordonnanz) geschlagen! Alles stellte sich mir wieder dar, als ob es sich nochmals wiederholte: da steht er vor mir und ich schlage ihn aus voller Kraft ins Gesicht; er aber hält die Hände in strammer militärischer Haltung, den Kopf gerade, glotzt mich an, wie in der Front, zuckt zuerst bei jedem Schlag zusammen und darf nicht einmal die Hände aufheben, um sich zu schützen, — dahin ist der Mensch gebracht, und es ist ein Mensch, der den anderen Menschen schlägt. Solch ein Verbrechen! Wie eine scharfe Nadel ging es mir durch die Seele. Ich stehe wie verrückt, und die Sonne, sie scheint, die Blättchen, sie freuen sich, glänzen und die Vögelchen, die Vögelchen, sie loben Gott . . . . Ich bedeckte das

Gesicht mit beiden Händen, fiel auf das Bett und weinte
bitterlich."

Die Aktivität des Supra-Ichs wurde in dem Offiziere
wach, ein rein innerliches Erlebnis zwang ihn, seine Karriere
zu ändern. Die Erforschung von Sossimas Charakter und
Leben, seiner Menschenliebe, wäre sehr interessant, aber
hier begnügen wir uns mit dem Hinweis auf die Tat-
sache, daß Sossima seine Sexualenergie s u b l i m i e r t e, was
Sergius nicht gelingt, weil dieser sein Ich i d e a l i s i e r t.
„Es liegt nahe, die Beziehungen dieser Idealisierung zur
Sublimierung zu untersuchen. Die Sublimierung ist ein Prozeß
an der Objektlibido und besteht darin, daß sich der Trieb
auf ein anderes, von der sexuellen Befriedigung entferntes
Ziel wirft, der Akzent ruht dabei auf der Ablenkung vom
Sexuellen."[1] Ebenso ist auch Sossima nach seinem sadistischen
Akte nicht den weiteren Weg der Entwicklung des Sadismus
zur Selbstquälerei[2] gegangen, sondern er gab seine ganze
sexuelle Energie an den Dienst des Supra-Ichs ab. Das
Supra-Ich wurde zu jener Form, die Sossimas Leben
organisierte.

„Die Idealisierung ist" — setzt Freud in seiner
angeführten Arbeit über den Narzißmus auseinander — „ein
Vorgang mit dem Objekt, durch welchen dieses ohne Änderung
seiner Natur vergrößert und psychisch erhöht wird. Die
Idealisierung ist sowohl auf dem Gebiete der Ichlibido, wie
auch der Objektlibido möglich. So ist z. B. die Sexualüberschätzung des Objektes eine Idealisierung desselben. Insofern
also Sublimierung etwas beschreibt, was mit dem Trieb,
Idealisierung etwas, was am Objekt vorgeht, sind die beiden

---

1) F r e u d. Zur Einführung des Narzißmus. A. a. O. 102.
2) F r e u d. Triebe und Triebschicksale. A. a. O.

begrifflich auseinander zu halten." Folglich bleibt der Sexualtrieb bei der Idealisierung gänzlich oder nur teils unverändert
auf das Ideal-Ich gerichtet. Und da der Sexualtrieb als
solcher unsublimiert bleibt, so kann er immer den Ideal-
gegenstand verlassen und sich auf einen realen richten, wie
es auch bei Vater Sergius geschah (Sein Sündenfall). „Wer
seinen Narzißmus — lehrt uns Freud — gegen die Verehrung eines hohen Ich-Ideals eingetauscht hat, dem braucht
darum die Sublimierung seiner libidinösen Triebe nicht ge-
lungen zu sein. Das Ich-Ideal fordert zwar solche Sublimierung, aber es kann sie nicht erzwingen, die Sublimierung
bleibt ein besonderer Prozeß, dessen Einleitung vom Ideal
angeregt werden mag, dessen Durchführung durchaus unabhängig von solcher Anregung bleibt. Man findet gerade bei
Neurotikern die höchsten Spannungsdifferenzen zwischen der
Ausbildung des Ich-Ideals und dem Maß von Sublimierung
ihrer primitiven libidinösen Triebe und es fällt im Allgemeinen viel schwerer, den Idealisten von dem unzweck-
mäßigen Verbleib seiner Libido zu überzeugen als den simplen
in seinen Ansprüchen genügsam gebliebenen Menschen."
Freuds geniale Differenzierung zwischen Sublimierung und
Idealisierung zeigt uns, daß Sergius noch der Weg der
Sublimierung übrig blieb, aber wie wir eben gelesen haben,
gelingt die Sublimierung dem Simplen leichter als dem
Menschen mit hohen Idealen. Das Supra-Ich war bei
Vater Sergius zu schwach oder richtiger sein Individual-Ich
und sein Sexual-Ich waren zu stark, zu selbständig, zu
eigensinnig. Der Narzißmus des Vaters Sergius war so
stark, daß er aus seinem Sündenfalle nicht die Schwäche
seines aktuellen Ichs ersah, welches nicht imstande war,
dem Ideal-Ich zu folgen, sondern Gott und seine Existenz

verneinte. „Ja, ich muß mit mir endigen. Es gibt keinen
Gott. Wie endigen? Mich ins Wasser werfen? Ich kann
schwimmen — werde nicht ertrinken. Mich hängen? Ja,
da ist mein Gürtel, — am Ast." Aber Vater Sergius
vollbringt diesen Entschluß nicht und das ist selbstverständlich. Da Vater Sergius sich in seinem Ideal-Ich enttäuscht
hatte, so konnte er sein Individual-Ich nicht genug hassen,
um es zu töten. Jeder Selbstmord ist jedenfalls ein Sexual-
akt, nach der Formel: „Ich töte den, der meinem Liebling
weh tut." Das Ideal-Ich besitzt keine eigene Triebkraft und
erhält eine solche nur durch die Libidobesetzung. Wie kann
man den Seelenzustand des Vaters Sergius nach dem Sündenfalle in einigen Worten zusammen fassen? Das Sexual-Ich,
welches früher das aktuelle Ich und später das Ideal-Ich
mit Libido besetzte, behauptet jetzt seine Selbstexistenz, resp.
Sonderexistenz und verläßt damit das Bereich des Individuums,
das innerseelische Milieu, und richtet seine Libido auf fremde
Ich. Folglich mußte des Vaters Sergius weiterer Lebensweg
durch das Sexual-Ich bestimmt werden. Der Verkehr mit
Marie ist als der erste Schritt auf dem Wege der Menschenliebe zu betrachten. Das ist keine Paradoxie: das Wesent-
liche ist das Durchbrechen des geschlossenen Narzißmus-
kreises.

Vater Sergius schlief ein: „Aber dieser Schlaf dauerte nur einen
Augenblick, er erwachte sogleich und fing entweder zu träumen oder
sich zu erinnern an. Und da sieht er sich, fast noch als Kind, im
Mutterhause auf dem Lande. . . . . Und da führt man in ihre Knaben-
gesellschaft ein Mädchen Paschenka ein. Man muß mit ihr spielen,
aber es ist langweilig. Sie ist dumm; es endigt damit, daß man sie aus-
lacht, man zwingt sie zu zeigen, wie sie schwimmen kann. Sie legt
sich auf die Diele und zeigt es auf trockenem Boden. Und alle lachen
und machen sie zur Närrin."

Hier fällt die geniale künstlerische Intuition Tolstois mit der genialen wissenschaftlichen Intuition Freuds zusammen. Freud behauptet, daß jedes rezente traumatische Ereignis auf Wegen mannigfaltiger Assoziationen die Erinnerung an ein mehr oder weniger gleiches Ereignis aus der ersten Kindheit erweckt. Als Sergius alles verloren hatte und ratlos wurde, kehrte sein Gedanke unbewußt in die Zeiten der ersten Kindheit, in das „Mutterhaus" zurück. Vater Sergius hatte ein Verhältnis mit einem einfältigen Mädchen, dessen Dummheit er zu seinem egoistischen Genuß benutzte und das demütig seinen Wunsch erfüllte. Es ist selbstverständlich, daß Vater Sergius nicht gefallen wäre, wenn er den entsprechenden Wunsch nicht gehabt hätte, und daß das einfältige Mädchen nicht imstande gewesen wäre, ihn zu verführen. Die assoziativen Wege, mittels deren Vater Sergius von der einfältigen Marie zu Paschenka hinüberging, sind folgende: „Man muß mit ihr spielen, aber es ist langweilig." — Man muß Marie heilen, aber es ist langweilig, und man möchte etwas ganz anderes. „Die ist einfältig" — Marie ist einfältig. — „Sie legt sich auf die Diele und zeigt, wie man schwimmt, auf trockenem Boden." Die schwimmenden Bewegungen auf trockenem Boden erinnern an Koitusbewegungen usw.

In der angeführten Szene mit Paschenka erscheint die gewöhnliche kindliche Grausamkeit, d. h. Sadismus *in nuce.* Also sehen wir, daß Vater Sergius' Erinnerungen von einem sadistischen Akte ausgehen.

Dann erinnerte sich Sergius, schon im Wachen, daß er mehrmals Paschenka getroffen hatte, die unglücklich verheiratet war, ihren Sohn verloren, ihre Tochter unglücklich verheiratet hatte, und jetzt ihre Enkel pflegte. Endlich schlief er ein und träumte von einem Engel, der zu ihm kam und sagte: „Geh' zu Paschenka hin und erfahre von ihr,

was du zu tun hast, worin deine Sünde besteht und worin deine
Rettung liegt. Er erwachte und beschließend, es sei eine Offenbarung
Gottes .... ging er dahin."
    Paschenka ist ein prägnantes Beispiel der tätigen Menschen-
liebe bei vollständiger Selbstvergessenheit. „Böse Beziehungen
zwischen den Menschen zu ertragen, war ihr fast physisch
unmöglich. . . . . Sie litt einfach durch den Anblick der
Bosheit, wie durch einen schlechten Geruch, ein grelles
Geräusch, durch Schläge auf den Leib." Sie war ein Mensch,
dessen Leben das Supra-Ich formte. Diesen Weg sollte
Sergius einschlagen. Die Engelserscheinung war eben eine
Aktion des Supra-Ichs. Hier erhebt sich eine außerordentlich
wichtige Frage über die Verhältnisse zwischen dem
Supra-Ich und dem Sexual-Ich. Es scheint, daß dem
Supra-Ich nur das Individual-Ich und besonders der Narzißmus
gerade entgegengesetzt sind, während das Sexual-Ich und
seine außerseelischen Besetzungen im Gegenteil für die nach-
folgende Sublimierung eher günstig sind. Zu dieser Frage
kehren wir noch zurück.
    Jetzt wollen wir die Analyse der Erzählung fortsetzen.
Die erste Begegnung mit Paschenka trägt den uns wohl-
bekannten Charakter narzißtischer Selbstbewunderung.
    „Praskowja Michajlowna (d. h. Paschenka) erkannte ihn nicht . . . .
Entschuldigen Sie, Vater. Vielleicht sind Sie hungrig? Er nahm das
Brot und das Geld und Praskowja Michajlowna wundert sich, daß er
nicht weggeht, sondern sie anschaut. — ‚Paschenka, ich bin zu dir gekommen, empfange mich!' . . . . Paschenka faßte sich an der aus-
getrockneten Brust, öffnete den Mund und erstarrte. — ‚Aber, ist
es möglich! Stjepa, Sergius, Vater Sergius!' — ‚Ja, er selbst' — sagte
Sergius leise. ‚Nur kein Sergius, kein Vater Sergius, sondern der große
Sünder Stephan Kassatsky, ein verlorener, großer Sünder. Empfange
mich, hilf mir!' — ‚Aber ist es möglich! Wie haben Sie sich denn so
gedemütigt? Aber so kommen Sie doch!'"

Wieder der altbekannte Wunsch, Staunen zu erregen, verbunden mit Selbstquälerei. Aber jetzt vergeht endlich der Wunsch, Staunen zu erregen. Auf diesem Wege ist ja schon alles erreicht, die Selbstquälerei aber gibt noch Möglichkeit zu weiterer Entwicklung. Vom Sadismus ausgehend kann die Selbstquälerei in Masochismus übergehen. Tolstoi schreibt folgendes:

„Paschenka, ich bin kein heiliger, nicht einmal ein einfacher, gewöhnlicher Mensch: ich bin ein Sünder, ein schmutziger, niederträchtiger, irrender, stolzer Sünder, schlechter — ich weiß nicht, ob als alle, aber schlechter als alle schlechten Leute." Dann bittet Sergius Paschenka, ihm ihr Leben zu erzählen. Als sie ihm ihr Leben voller Entbehrungen und schwerer Arbeit erzählt, erinnert sich Kassatsky, wie er vom Hörensagen wußte, daß Paschenkas Mann sie schlug, und Kassatsky sah jetzt .... sah fast anschaulich, wie es vor sich ging. So erlebt Sergius sadistisch-masochistische Bilder. Aus Tolstois Tagebuch wissen wir, daß ihn selbst zu der Zeit masochistische Bilder verfolgten.

„Ich wünschte oft zu leiden, Verfolgung zu erdulden. Das bedeutet, daß ich faul war und nicht selbst arbeiten, sondern andere für mich arbeiten lassen wollte dadurch, daß sie mich quälten, während ich nur zu leiden hätte." [1] Aber Tolstoi ging diesen Weg nicht.

Während ihrer Erzählung wird Paschenka fortwährend von ihrer Tochter oder ihrem Schwiegersohn unterbrochen, um ihnen verschiedene Dienste zu leisten. Paschenka erfüllt alles ohne Murren: „Also das ist es, was mein Traum bedeutete. Paschenka ist eben das, was ich sein sollte und was ich nicht war. Ich lebte für die Menschen unter dem Vorwand, es sei für Gott, sie lebt für Gott, sich einbildend, daß sie für die Menschen lebt .... Ja, es gibt keinen Gott für denjenigen, der so lebte wie ich, für den Ruhm unter den Menschen. Ich werde ihn suchen."

---

1) Leo Tolstoi. Tagebuch. Erster Band. 1895—1899. München. 1917. S. 11.

Kassatsky wird ein Wanderer. Nach acht Monaten verhaftet man ihn als einen heimatlosen Landstreicher ohne Paß und verbannt ihn nach Sibirien. „In Sibirien ließ er sich bei einem reichen Bauern nieder und lebt jetzt dort. **Er arbeitet bei seinem Hausherrn im Gemüsegarten, unterrichtet Kinder und pflegt Kranke.**"

Diese Erzählung blieb ohne endgiltige Bearbeitung. Der eben angeführte Schluß scheint nur darum geschrieben zu sein, um einen Punkt zu setzen. Jedenfalls ist es unklar, wo Sergius Gott gefunden hat. Sergius erlebte die narzißtischen, die egoistisch-idealen Strebungen, das objektsexuelle Leben, es blieb ihm nur das durch das Supra-Ich organisierte Leben, aber dieses Leben war Tolstoi unzugänglich und **er konnte es nicht abbilden. Dem Sergius war sogar die Menschenliebe unzugänglich.**

Vor dem oben angeführten Schluß, der in farblosen Worten abgefaßt ist, befindet sich eine malerisch gezeichnete Szene.

Einst wanderte Sergius mit zwei alten Frauen und einem Soldaten und traf eine vornehme Gesellschaft von Herren und Damen, in der sich ein reisender Franzose befand. Die Herrschaften hielten sich auf, um dem Franzosen russische Pilger zu zeigen. „Sie sprachen französisch, glaubend, daß man sie nicht verstehe. — *Demandez leur*, sagte der Franzose, *s'ils sont bien sûrs de ce que leur pèlerinage est agréable à Dieu.* — Man fragte sie. Die alten Frauen antworteten: ‚Wie es Gott annehmen wird. Mit den Füßen waren wir ja dort, aber ob wir mit dem Herzen auch da sein werden?' Man fragte den Soldaten. Er sagte, er sei allein, und wüßte nicht, was mit sich zu tun. Man fragte Kassatsky, wer er sei. — ‚Gottes Diener'. — *Qu'est ce qu'il dit? Il ne répond pas.* — *Il dit, qu'il est un serviteur de Dieu.* — *Cela doit être un fils de prêtre. Il a de la race. Avez-vous de la petite monnaie?* — Der Franzose hatte Kleingeld und gab jedem 20 Kopeken. — *Mais dites leur, que ce n'est pas pour les cierges que je leur donne, mais pour qu'ils se régalent de thé; tschai, tschai* — sagte er lächelnd; *pour vous, mon vieux*, Kassatsky mit seiner gantierten Hand auf die Schulter klopfend. — ‚Vergelt es dir Christus‘, antwortete Kassatsky, die Mütze nicht aufsetzend und mit seinem Kahlkopf grüßend. Und Kassatsky war diese Begegnung besonders erfreuend, weil er die Meinung der Menschen nicht geachtet hatte."

Und es ist wirklich wunderbar, daß Sergius sich enthalten hatte, französisch zu antworten und die ganze Gesellschaft in größtes Staunen zu setzen, was doch seinem Charakter so sehr entsprechen würde. Es war aber k e i n e Demut, sondern wieder die alte Selbstbewunderung, die ihn dazu brachte. Es war eine I n t r o v e r s i o n, d. h. er bewunderte sich innerlich. Sergius hatte wirklich seinen Wunsch, andere zu erstaunen, besiegt, d. h. er hatte seine Zeigelust besiegt, aber daß dieser Sieg über die Zeigelust ihm wieder Gelegenheit gab, über sich selbst in Rührung zu geraten, zeigt, daß er doch ein Narziß geblieben war. „Wie (d. h. mit welchen Eigenschaften) man in der Wiege liegt, so geht man ins Grab," — sagt das russische Sprichwort.

Fassen wir jetzt Sergius' ganze Laufbahn in den präzisen Ausdrücken der Libidotheorie zusammen. Man findet die zwei ursprünglichen Sexualobjekte: sich selbst und das pflegende Weib. Mit anderen Worten, es gibt zwei Wege: den des Narzißmus und den der Objektliebe. Sergius ging den narzißtischen Weg der Idealisierung *ad ultimum* und als er auf diesem Wege Fiasko erlitt, weil er den höchsten Punkt erreicht und dennoch keine Befriedigung empfunden hatte, blieb ihm noch der zweite Weg offen. Sergius tritt auf diesen Weg dank seinem Sündenfall wie mit einem Schlage über. Auf diesen Weg geraten, rekapituliert er zuerst in Gedanken den regelrechten Gang der Sexualität vom Sadismus durch Autosadismus (Selbstquälerei) zum Masochismus. Vom Masochismus wäre der nächste Weg zur asexuellen Menschenliebe, resp. zur Sublimierung. Diesen Weg zeigt uns Tolstoi nicht. Der Autor deutet ihn nur in banalen Worten an.

Es ist zweifellos, daß die Erzählung „Vater Sergius" in psychologischer Beziehung einen autobiographischen Charakter trägt. „Hier ist kein Kloster, sondern Jassnaja Poljana (Tolstois Gut) und durch den Mönchskittel scheint zu sehr die allen bekannte Bluse durch", wie Bulgakow[1] ganz richtig bemerkt. „Welche bunte Menge von Besuchern hat nicht in Jassnaja Poljana vorgesprochen! Söhne des malaischen Archipels, Australier, Japaner und Amerikaner, sibirische Flüchtlinge und Vertreter sämtlicher europäischer Nationen haben dieses Dorf besucht und daheim dann erzählt, wie groß die Worte und Gedanken des greisen Sehers waren, der darin wohnt."[2]

Obgleich Tolstoi den Ruhm sehr liebte, empfand er ihn dennoch manchmal als lästig. In der Erzählung finden wir die folgende Stelle:

„Manchmal in seinen hellen Augenblicken dachte er, daß er einem Orte gleich geworden sei, wo früher eine Quelle gewesen. ‚Es gab eine schwache Quelle lebendigen Wassers, welche ruhig aus mir, durch mich quoll. Das war das echte Leben . . . . aber nun — ehe das Wasser Zeit hat, sich zu sammeln, kommen schon die Durstenden, drängen sich, einander stoßend. Und sie haben alles zertreten, der Schmutz allein ist geblieben.' So dachte er in seltenen Augenblicken; aber sein gewöhnlicher Zustand war Ermüdung und Rührung über sich selbst wegen dieser Ermüdung."

Es fehlte Tolstoi an einer echten altruistischen Menschenliebe; wie das aber zu verstehen ist, darüber sprechen wir im nächsten Kapitel.

Zweifel an seinem Glauben, beständige Qualen darüber, zu hohe Ideale, schwerer Kampf mit sich selbst, seinen Nächsten

---

1) „Menschengott und Menschentier." (Russ.)
2) Birjukow, I, 61.

und der ganzen Welt, Durst nach der Wahrheit, Skeptizismus,
— das ist der Seelenzustand von Leo Tolstoi, dem großen
Narzißten, in seiner nachkritischen Periode. Es gibt nicht nur
keine Harmonie, wie es Birjukow[1] meint, sogar das seelische
Gleichgewicht erreichte Tolstoi selten.

Das wird klar bewiesen durch die Erzählung „Vater
Sergius", zu der die Worte Turgenjews gut passen, daß „in
ein literarisches Werk doch mehr von jenem Teile der Seele
überströmt, den man nicht gern zeigt."[2]

Mereschkowski sagt von Tolstoi: „Er hat nie jemanden
geliebt, ja auch sich selbst wagte er nicht mit der letzten
leidenschaftslosen und furchtlosen Liebe zu lieben. Wer aber
hat mit größeren Qualen nach Liebe verlangt als er? Er hat
nie an etwas geglaubt. Wer aber hat unersättlicher nach Glauben
gedürstet als er? Das ist nicht alles — aber ist es etwa
wenig?"[3]

---

1) Birjukow, I, 110. „Es ist klar . . . daß alle diese Eigenschaften . . .
das Urelement gebildet haben, aus dem sich allmählich die harmonische
Seele des Künstlerphilosophen herausgebildet hat."

2) Birjukow, II, 305. Aus einem Briefe von Turgenjew an Tolstoi. Diese
Worte von Turgenjew entsprechen denen von Jean Paul, die Rank als Motto
zu seinem Buche (Das Inzestmotiv usw.) gewählt hat.

3) Mereschkowski, Tolstoi und Dostojewski. I. Aufl. Berlin. 1919.
Bd. I. S. 84.

V
DREI WEITERE ERINNERUNGEN
(Objektlibido)

„Der Mensch hat zwei ursprüngliche Sexualobjekte:
sich selbst und das pflegende Weib." (Freud[1]). Die beiden
ersten Erinnerungen Tolstois haben uns den narzißtischen
Weg der Libido gezeigt. Drei weitere sollen uns den Grund
zur Erforschung des zweiten Libidoweges — der Fremd-
objektlibido — geben.

Die hier folgende, besonders charakteristische Erinnerung
an Jeremejewna ist nichts anderes als die Erinnerung an
ein Spiel. Sie bietet ein besonderes psychologisches Interesse,
weil sie uns das charakteristische Merkmal des Spieles (Proprium)
verrät.

„Ich bin im Bettchen und mir ist froh und wohl zu Mute, wie
immer und ich würde mich dessen nicht erinnern, aber plötzlich sagt
Njanja oder jemand von denen, die mein Leben ausmachen, etwas mit
einer für mich neuen Stimme und geht fort; und es wird mir nicht
nur fröhlich, sondern auch ängstlich zu Mut."

Das kleine Kind fühlt sich vor dem Einschlafen froh
und wohl im Bettchen. „Das Schlafen ist somatisch eine
Reaktivierung des Aufenthaltes im Mutterleibe mit der Erfüllung der Bedingungen von Ruhelage, Wärme und Reiz-
abhaltung; ja viele Menschen nehmen im Schlafe die fötale

---

1) Zur Einführung des Narzißmus. A. a. O. 95.

Körperhaltung wieder ein. Der psychische Zustand der Schlafenden charakterisiert sich durch nahezu völlige Zurückziehung aus der Welt der Umgebung und Einstellung alles Interesses für sie." Die Regression der Libidoentwicklung „reicht beim Schlafzustand bis zur Herstellung des primitiven Narzißmus."[1] Der narzißtische Zustand ist lustvoll. In unserem Falle kann das Kind noch nicht einschlafen, d. h. seine Libido besetzt noch die Fremdobjekte. Dieser Zustand, wenn die Kinder sich nicht gleich von den Reizungen der Außenwelt abwenden, d. h. ihre Objektbesetzungen nicht gleich auf ihr Ich zurückziehen können, ist allen wohl bekannt. Die Libido ist noch auf ein fremdes Ich — hier auf die Njanja — gerichtet. Dann amüsiert Njanja die Kinder, um der Objektlibido eine Katharsis zu ermöglichen und sie von den Objekten frei zu machen. Wenn Njanja fort geht, wird die Objektlibido frei. Frei gewordene Libido verursacht aber Angst. „Die Aufklärung über die Herkunft der kindlichen Angst" schreibt Freud, „verdanke ich einem dreijährigen Knaben, den ich einmal aus seinem dunklen Zimmer bitten hörte:‚Tante, sprich mit mir; ich fürchte mich, weil es so dunkel ist.‘ Die Tante rief ihn an: ‚Was hast du denn davon? Du siehst mich ja nicht.‘ ‚Das macht nichts‘, antwortete das Kind, ‚wenn jemand spricht, wird es hell.‘ Er fürchtete sich also nicht vor der Dunkelheit, sondern weil er eine geliebte Person vermißte."[2] Der kleine Tolstoi empfindet jetzt also gleichzeitig Lust und Angst. Nur ist diese Angst nicht ernst,

---

1) Metapsychologische Ergänzung zur Traumlehre. (Freud, Sammlung kleiner Schriften. Vierte Folge. S. 340).

2) Freud. Drei Abhandlungen zur Sexualtheorie. A. a. O. 87.
Vergl. die Erzählung „Kosaken" von Leo Tolstoi. Der Kosak Lukaschka hielt Wache und erwartete einen möglichen Angriff der Feinde. Er lauerte auf den Feind und war in einer gespannten Stimmung. Er stand allein und wußte nicht, daß Onkel Jeroschka in der Nähe nach dem Wilde herumirrte. „Der

weil der Knabe ihr baldiges Ende voraussieht. Wir haben hier ein Erlebnis mit der Antizipation des guten Endes. Die Antizipation des guten Endes ist die Libidobesetzung eines angenehmen vorgestellten (imaginierten) Bildes.

„Und ich erinnere mich, daß ich nicht allein bin, sondern mit noch jemandem, solch einem Wesen wie ich. Es ist wahrscheinlich meine um ein Jahr jüngere Schwester Maschenka, deren Bettchen in unserem Zimmer stand.[1] Und ich erinnere mich, daß es einen Vorhang bei meinem Bette gibt und zusammen mit meiner Schwester freue und ängstige ich mich über das Ungewöhnliche, das uns geschehen ist und ich verstecke mich im Kissen, verstecke mich und gucke zur Tür, aus welcher ich etwas Neues und Lustiges erwarte. Und wir lachen, verstecken uns und warten."

Dieses „sich verstecken, gucken und warten" ist auch ein wohlbekanntes Phänomen, das man als lustig-ängstliche Erwartung bezeichnen kann. Gewiß spielt hier auch die Neugier eine Rolle. „Ich verstecke mich im Kissen" — lustvoller narzißtischer Akt. „Gucken" — eine Bewegung der Libido vom Ich zum Fremdobjekt = Angst, aber mit der Antizipation des guten Endes. Das Phänomen kann man als oszillierende Libidobewegungen bezeichnen.

„Und da erscheint jemand in Kleid und Haube, so wie ich es nie gesehen habe, aber ich erkenne, daß es dieselbe Person ist, die immer mit mir ist (ob Njanja oder meine Tante, weiß ich nicht), und diese Person spricht mit einer groben Stimme, die ich kenne, etwas Schreckliches über böse Kinder und über Jeremejewna. Ich heule vor Schrecken und Freude und erschrecke und freue mich wirklich zugleich, daß mir graut, und ich will, daß diejenige, welche mich erschreckt, nicht erfahre, daß ich sie erkannt habe."

Tag graute schon . . . . Die klingende Stimme des Alten, die im Walde ertönte, vernichtete plötzlich die nächtliche Stille und Unheimlichkeit, welche den Kosaken umgaben. Als ob es plötzlich heller und lichter würde."

1) Maria Nikolaewna, Tolstois Schwester, erzählt: „Drei von uns schliefen in demselben Zimmer — ich, Lewotschka und Dunetschka (die Pflegetochter der Familie Tolstoi, von gleichem Alter wie Lewotschka). Wir spielten oft miteinander und bildeten eine Gesellschaft für uns, ganz von unseren älteren Brüdern getrennt." Birjukow I, 68. Liegt da eine Verdrängung vor?

Den Zustand des Knaben vor dem Erscheinen von Jeremejewna können wir mit gutem Recht als Vorlust betrachten. Mit dem Erscheinen der Jeremejewna kommt die Endlust zustande.

„Ich heule vor Schrecken und Freude und erschrecke und freue mich wirklich zugleich."

Der Seelenzustand des Kindes ist hier mit der Tolstoi eigentümlichen Präzision beschrieben. Für den Endlust-Zustand ist der schnellere Rhythmus der Libidooszillationen charakteristisch. Die Libido besetzt erst die geliebte Person, dann die imaginierte feindliche Person, dann wieder die geliebte usw., um endlich in ihre stabile Position der Fixierung an das pflegende Weib zurückzukehren. Bei der Vorlust fanden die Libidoschwingungen unter Beibehalten der narzißtischen Fixierung statt. Bei der Endlust schwingt die ganze Libido zwischen der geliebten Person und der feindlichen hin und her, daher wächst die Angst; sie verliert aber dennoch ihren Lustcharakter nicht, weil das gute Ende antizipiert wird. Vorlust ist ein autoerotisches Erlebnis, Endlust ist heteroerotisch.

„Wir werden still, aber fangen später absichtlich wieder zu flüstern an, um Jeremejewna wieder herbeizurufen."

Aus diesem Beispiel können wir folgende Kennzeichen des Spieles feststellen:

1) Das Spiel ist immer lustvoll.

2) Im Spiele werden mannigfaltige Affekte ausgelebt, — Katharsis.

3) Der wesentlichste Affekt ist die lustvolle Angst, d. h. Angst (frei gewordene Libido) mit der Antizipation des guten Ausgangs des Erlebnisses.

4) Wiederholung.

5) Das Spiel hat zwei verschiedenartige Lustmomente: die autoerotische Vorlust und die heteroerotische Endlust.

Verweilen wir ein wenig bei dieser Unterscheidung zwischen Vorlust und Endlust. Freud hat diese Unterscheidung beim Sexualakte scharfsinnig und endgültig gezogen.[1] Vorlust wird beim Beschauen, Betasten u. dgl. erlebt, das ist also Lust, die bei der Erreichung vorläufiger Sexualziele erlangt wird. Endlust wird bei Entleerung der Sexualstoffe erlebt. „Die Vorlust ist dann dasselbe, was bereits der infantile Sexualtrieb, wenngleich in verjüngtem Maße ergeben konnte; die Endlust ist neu, also wahrscheinlich an Bedingungen geknüpft, die erst mit der Pubertät eingetreten sind. Die Formel für die neue Funktion der erogenen Zonen lautete nun: Sie werden dazu verwendet, um mittels der von ihnen wie im infantilen Leben zu gewinnenden Vorlust die Herbeiführuug der größeren Befriedigungslust zu ermöglichen." Wir können also sagen, daß die Vorlust eine partielle Libidobetätigung und die Endlust eine totale Libidobetätigung begleitet.

Wenden wir uns nun zu dem zweiten mächtigen Trieb, dem Nahrungstrieb, dem Hunger. Gewöhnlich betrachtet man den Hunger als einen qualvollen Zustand. Aber Petraschitzki hat ganz richtig ein Hunger-Leiden vom Hunger-Appetit unterschieden. Der Appetit (ad-petitus, Strebung nach) ist lustvoll, Leo Tolstoi erinnert sich in der „Jugend" an feierliche Mittagessen, die in seiner Kinderzeit, zu Lebzeiten der Großmutter, stattfanden.

„Das Mittagessen war nicht mehr wie zu Mamas oder Großmamas Zeiten eine Art Feierlichkeit . . . . Wie anders war es in Moskau . . . . Plötzlich öffnete sich die Tür . . . . die Großmutter wogte aus ihrem

---

1) Freud. Drei Abhandlungen zur Sexualtheorie. 72—76.

Zimmer hervor . . . . Gawrilo stürzt auf ihren Sessel zu, die Stühle klappern, ich fühle wie mir ein Schauer über den Rücken läuft, die Ankündigung des Appetits, und greife nach der feuchten, gestärkten Serviette, kaue eine Brotrinde und betrachte mit ungeduldigem, freudigem Begehren, unter dem Tisch die Hände reibend, die dampfenden Suppenteller, die der Kammerdiener nach Rang, Alter und nach dem Ermessen der Großmutter jedem von uns vollgießt."

Wäre Appetit nicht etwas Lustvolles, so könnte der Gebrauch „guten Appetit" zu wünschen nicht existieren. Guter Appetit ist ein Zeichen von Gesundheit. Appetit ist Vorlust, die entsprechende Endlust entsteht beim Essen. Der Prozeß der Appetitsteigerung ist lustvoll, wenn man weiß, daß man zu essen bekommen wird, wenn also das gute Ende antizipiert wird. Andernfalls verwandelt sich die Hunger-Lust in das Hunger-Leiden. Auf solche Weise erhalten wir eine mehr oder weniger nahe Analogie im Ablauf zweier mächtiger Triebe. Die sexuellen Vorlusterlebnisse unterscheiden sich von den alimentären nur dadurch, daß die ersteren eher autonom, d. h. eher selbständig, für sich, existieren können als die letzteren. Der Grund dafür ist in der höheren Zusammengesetztheit des Sexualtriebes im Vergleich mit dem Nahrungstriebe zu suchen. Aber wenn wir als Parallele zum hungrigen Menschen den gesunden Durchschnittsmenschen in seinem Sexualleben nehmen, so wird die Analogie vollkommen. Menschen, die ein Verweilen bei vorläufigen Sexualakten nicht kennen, genießen die sexuelle Vorlust nur, wenn sie wissen, daß ihnen die Endlust zugänglich sein wird. Im andern Falle verwandelt sich die Vorlust in Unlust. Andererseits können auch, wie z. B. in unserer kulturellen Gesellschaft, die Vorstadien der Nahrungsaufnahme eine besondere Ausbildung erfahren. Zu diesen Vorstadien gehört das Umkleiden der Engländer, „das

Gläschen Wodka" vor dem Mittagessen der Russen, die Suppe der Deutschen (Pawlow).

Es entsteht jetzt die Frage, was eigentlich der Kern des Spieles ist und ob sich alle Spiele notwendigerweise aus Vorlust und Endlust zusammensetzen müssen.

Ich meine, wir können Pfeifer nur zustimmen, wenn er sagt, daß den Kern des Spieles „die infantilerotische Betätigung der Partialtriebe der Sexualität bildet."[1]

In den „Kindheitserinnerungen"[2] Leo Tolstois finden wir ein interessantes individuelles Spiel, an dem zwar Lewotschka selbst nicht teilnahm, das man aber dennoch hier erwähnen darf.

„Dann erinnere ich mich noch ihrer verzweifelten Tränen (d. h. Dunetschkas, der Pflegetochter der Familie Tolstoi), als sie und mein Bruder Mitenka ein Spiel ersonnen hatten, das darin bestand, daß sie einander abwechselnd ein kleines Kupferkettchen in den Mund spuckten, und sie so stark spuckte, während wieder Mitenka den Mund so weit aufriß, daß er die Kette schluckte. Sie weinte untröstlich, bis der Arzt kam und alle beruhigte.[3]

Wir haben hier ein interessantes Spiel, bei dem die „Verlegung nach oben" eine Rolle spielt.

Maria Nikolaewna, Tolstois Schwester, erzählt auch noch folgendes Spiel:

„Milaschki (Liebling) war eines unserer Lieblingsspiele. Einer von uns spielte den Milaschki, das ist ein Kind, das von den anderen ganz besonders verzogen wurde, das man ins Bettchen legte, fütterte, unter ärztliche Behandlung stellte, kurzum aus dem man viel Wesens machte. Von diesem Milaschki verlangte die Spielregel, daß er sich ohne Klagen in alle Streiche füge, die man ihm spielt, und seine Rolle ergebungsvoll

---

1) Sigm. Pfeifer. Äußerungen infantilerotischer Triebe im Spiele. Imago 1914 H. 4.

2) Von diesen „Kindheitserinnerungen" wird später die Rede sein.

3) Birjukow, I. 80.

durchführte. Ich weiß noch, wie sehr wir uns während des Spieles kränkten und ärgerten, wenn unser Milaschki (gewöhnlich Lewotschka) tatsächlich einschlief, sobald wir ihn ins Bett gelegt hatten. Die Spiel-regel verlangte von ihm, daß er weine, Medizin einnehme, untersucht, frottiert werde usw. Und sein Schlaf machte unserem Spiele ein Ende und rief uns aus dem Reiche der Phantasie in die Wirklichkeit zurück."

Man darf annehmen, daß Lewotschka nicht jedesmal einschlief, und daß bei solchem Spiele ein so stark sinnlich veranlagter Knabe (siehe die zweite Erinnerung) oft die Gelegenheit zu infantil-erotischen Betätigungen fand. Sonst aber ist dieses Spiel „Milaschki" mit den Puppenspielen identisch und gehört in die Gruppe der Phantasiespiele. Die Phantasiespiele sind genetisch komplizierter als die Bewegungs-spiele, sie haben mindestens zwei andersartige Wurzeln: 1) Das introvertierte, d. h. die Phantasien besetzende Trieb-leben; 2) die Selbstbehauptung des Individual-Ichs; die Kinder erleben die lustvolle Überzeugung, selbst die Ursache der Geschehnisse zu sein. Insofern die Phantasiespiele intro-vertiertes Triebleben repräsentieren, besitzen sie alle Charakter-züge der Bewegungsspiele. Jedenfalls bieten sie zahlreiche Gelegenheiten, verschiedenartige Affekte auszuleben, unter anderem auch die lustvolle Angst.

Die dritte Erinnerung ist ebenso wie die beiden ersten für Tolstois Charakteristik bedeutungsvoll, nicht nur darum, weil sie uns den psychischen Kern zweier seiner starken Leidenschaften — der Vorliebe zum Kartenspiel und zur Jagd — zeigt, sondern auch darum, weil die Strebung, lust-volle Angst zu erleben, Tolstois ganze Persönlichkeit aus-zeichnet. Mereschkowski sagt von Tolstoi: „ein großer, end-los vielseitiger Jäger."[1]

---

1) A. a. O. 31. Birjukow (II. 25) schreibt: „Trotz seiner starken leiden-schaftlichen Begeisterung für seine Familie und die Landwirtschaft, hatte Tolstoi

Noch als zwanzigjähriger Jüngling, vor seinem Eintreten ins Militär und der Reise in den Kaukasus, spielte
Tolstoi viel und leidenschaftlich Karten. Zu dieser Zeit gehört Birjukows Bemerkung: „Das Kartenspiel muß wohl
eine seiner stärksten Leidenschaften gewesen sein."[1] Tolstoi
spielte viel Karten, als er Offizier war. „Eines Tages setzte
ich zum Scherz eine kleine Summe ein: ich verlor. Ich
wiederholte es: und verlor wieder. Das Glück war mir nicht
hold; die Leidenschaft für das Spiel war erwacht und binnen
zwei Tagen hatte ich mein ganzes Geld und das, welches
mir Nikolaus gegeben hatte (gegen 250 Rubel) verloren und
obendrein noch 500 Rubel, für die ich einen Wechsel aus-
stellte."[2] Im Jahre 1852 zeichnete Tolstoi in sein Tagebuch ein: „Die Spielwut ist eine schmutzige (sic!) Leidenschaft, die langsam in eine Begierde nach stärkerer Aufregung übergeht. Es ist jedoch möglich, ihr zu widerstreben."[3]
Wie scharf Tolstoi sich selbst auch später über seine Leidenschaft für das Kartenspiel äußerte, so müssen wir doch
sagen, daß er nie ein Spieler im echten Sinne des Wortes
gewesen war, der alles um des Kartenspieles willen vergißt.
Tolstoi rechnet immer sorgfältig seinen Verlust zusammen
(z. B. in demselben Brief, den wir oben zitiert haben) und
bei der Beschreibung eines seiner Verluste lesen wir:

damals noch eine andere Leidenschaft, die mitunter sogar die beiden ersten
verdrängte. Diese Leidenschaft war die Jagd. Er gesteht es selbst seiner Frau,
wahrscheinlich nachdem sie ihm wegen der langen Trennung Vorwürfe gemacht
hat. Im August 1864, also im zweiten Jahr ihrer Ehe, heißt es in einem Brief
an sie: „. . . . . Du sagst, ich werde Dich vergessen. Nicht einen Augenblick,
namentlich nicht, wenn ich mit Menschen zusammen bin. Auf der Jagd vergesse
ich Dich, dann denke ich nur an mein Doppelgewehr, aber unter Menschen
denke ich an Dich bei jeder Begegnung, bei jedem Wort und möchte Dir
immer Dinge sagen, die ich niemand außer Dir sagen kann.'"

1) Birjukow, I, 164.
2) A. a. O. 197.
3) Birjukow, I, 205.

„Gestern abends beschäftigte ich mich damit, meine Geldangelegenheiten und meine Schulden zu überdenken. Ich sann darüber nach, wie ich sie zahlen sollte. Nachdem ich alles genau überlegt hatte, wurde es mir klar, daß mir meine Schulden keine allzu große Last sein würden, wenn ich jetzt nicht allzu viel verausgabte . . . .[1]

Tolstoi ist fortwährend seit seiner frühesten Jugend mit dem Zusammenzählen seiner Ausgaben beschäftigt. Es ist wahr, daß er mehr ausgab, als er konnte, aber er strebte beständig, seinen materiellen Wohlstand herzustellen. Und er verstand es, sich am Rande des Abgrundes zu halten und in späteren Zeiten nicht nur sein Vermögen zu bewahren, sondern es auch zu vermehren. Wir können folgendes schließen: Tolstoi hatte eine große Neigung zum Spiel, aber zur selben Zeit besaß er das Streben zu ordentlichem Leben. Da sehen wir noch eine Wurzel zu Konflikten in Tolstois Seele. Tolstoi war ordentlich, sparsam und eigensinnig. Über den Eigensinn haben wir schon im Kapitel III viel gesprochen. Von seiner Sparsamkeit liefert uns Tolstois Biographie viele Beweise. Hier einer von ihnen: Tolstoi schreibt von seiner zweiten Mutter Tatjana Alexandrowna: „Tantchen bewahrte gerne Näschereien allerlei Art in ihrem Zimmer auf: getrocknete Feigen, Lebkuchen, Datteln. Sie kaufte dergleichen gerne und bewirtete mich damit. Ich werde nie vergessen und kann mich nie ohne grausame Selbstvorwürfe daran erinnern, wie ich ihr wiederholt Geld für diese Näscherei verweigerte und wie sie traurig seufzend davon abstand."[2]

Was die Ordentlichkeit betrifft, so haben wir auch von ihr zahlreiche Beweise.

„Nikolaus hat entdeckt, daß ich ohne meinen Reinlichkeitstrieb ein sehr angenehmer Reisegefährte wäre. Er ärgert sich darüber,

---

1) Birjukow, I, 197.
2) Ebendort 74.

daß ich meine Wäsche, wie er behauptet, dutzendmal im Tage wechsle."[1]

Tolstois ganzes Leben ist von Strebungen voll, bald sein Äußeres in Ordnung zu bringen *("comme il faut"),* bald seine Seele. Dieser Strebung entspringt das beständige Aufschreiben von Tagesordnungen, Lebensregeln, Programmen und dergleichen. Wir erhalten so die drei Charaktereigentümlichkeiten, deren Zusammentreffen den **Analcharakter** (**Freud**)[2] ausmacht.

Mereschkowski hat ganz recht, wenn er die Autocharakteristik, die Tolstoi in seiner „Beichte" gibt, korrigiert.[3] Tolstoi schreibt:

> „Ich trieb Unzucht, ich betrog. Lüge, Diebstahl, Buhlerei aller Art, Trunkenheit, Gewalttaten, Mord — es gab kein Verbrechen, das ich nicht begangen hätte."

Mereschkowski meint, „daß Tolstoi kein ‚Dieb', nur ein sparsamer Hausvater und Haushalter gewesen sei, kein ‚gewalttätiger', sondern ein guter Herr seiner Diener und Hausgenossen, kein ‚Mörder', sondern ein tapferer Krieger, kein ‚Trunkenbold', sondern ein weiser und nüchterner Epikureer, der sich an der unschuldigsten Freude des Lebens berauschte, kein ‚Buhler', sondern ein treuer Ehegatte, der das eheliche Lager in unbefleckter Reinheit erhalten hat, ein kinderliebender Vater, wie die Väter des Alten Testamentes Abraham, Isaak und Jakob, es gewesen . . . . Wenn er sich über etwas zu schämen nötig hätte, so wäre es nicht über seine Handlungen und Gefühle, sondern nur über seine Worte und Gedanken."

---

1) **Birjukow**, I, 173.

2) Charakter und Analerotik. Sammlung kleiner Schriften zur Neurosenlehre. Zweite Folge.

3) A. a. O. 128, 129.

Auf Grund von Freuds Forschungen können wir auf die große Bedeutung der Analerotik in Tolstois Kindheit schließen. Als direkten Beweis dafür können wir vielleicht folgende Erinnerung anführen:

„Praskowja Issaewna war eine ehrwürdige Person, die Haushälterin, dessen ungeachtet stand bei ihr, in ihrem kleinen Zimmerchen, unser Kindertopf. Ich erinnere mich, daß es eine der angenehmsten Empfindungen war, nach der Unterrichtsstunde oder in ihrer Mitte sich in ihrem Zimmerchen zu setzen und mit ihr zu plaudern und sie anzuhören. Wahrscheinlich liebte sie es, uns in diesen Zeiten besonders glücklicher und rührender Aufrichtigkeit zu sehen. ‚Praskowja Issaewna, wie kämpfte Großpapa? Zu Pferde? fragte man sie ächzend, um nur zu plaudern und zu hören." [1]

Die vierte Erinnerung unterscheidet sich von den anderen schon durch die Art, wie sie erzählt wird. Der Autor übergeht lange nicht zum Sachverhalt der Erinnerung, sondern verweilt bei der Beschreibung von Nebentatsachen. Hier gibt es eine Stockung. Zerteilen wir diese Erinnerung in mehrere Teile, wie man es bei einer Traumanalyse zu tun pflegt.

1. „Ich habe eine andere Erinnerung, die der an Jeremejewna gleich ist, wahrscheinlich eine spätere, weil sie klarer ist; aber für mich blieb sie immer unbegreiflich."

2. „In dieser Erinnerung spielt der Deutsche Fedor Iwanowitsch, unser Lehrer, die Hauptrolle, aber ich weiß bestimmt, daß ich mich noch nicht unter seiner Aufsicht befand, also geschah es vor meinem fünften Jahre. Und das ist mein erster Eindruck von Fedor Iwanowitsch."

Wir erwarten, daß jetzt die Erzählung selbst folgen wird, aber der Autor weicht dem Thema noch aus.

3. Und er erfolgte so früh, daß ich mich noch an niemanden — weder Brüder noch Vater — erinnere. Wenn ich auch eine

---

1) „Kindheitserinnerungen". Tolstois Gesamte Werke. B. I. Verlag „Slowo". Berlin, 1921. In der deutschen Ausgabe von Tolstois Biographie ist diese Stelle unvollständig und nicht genau übersetzt. B. I, 81.

Vorstellung von einer einzelnen Person habe, so ist es nur die meiner Schwester und auch nur darum, weil sie sich ebenfalls, wie ich, vor Jeremejewna fürchtete."

Aus den psychoanalytischen Forschungen wissen wir, daß alle Einfälle einen Sinn und eine nahe Beziehung zum Hauptthema haben. Folglich erscheint hier die Erinnerung an die Schwester nicht zufällig, die Schwester wird hier als die Mitgespielin erinnert. Wir wissen auch, daß außer Jeremejewna die Kinder noch „Milaschki" spielten, und die beiden Spiele sollten notwendigerweise vielfachen Anlaß zu partiell-sexuellen Betätigungen geben. Wir können vermuten, daß der vierjährige Lewotschka irgend welche partiell-sexuelle Erlebnisse mit seiner Schwester oder Dunetschka hatte, die er in der vorigen Erinnerung wie auch hier verdrängt. Dunetschka nahm zweifellos teil an allen Erlebnissen dieser Zeit.

IV. „Mit dieser Erinnerung verbindet sich auch bei mir die erste Vorstellung, daß unser Haus einen oberen Stock besitzt. Wie ich dahin geriet, ob ich selbst hinaufgestiegen war oder mich jemand hingebracht hat, ich weiß gar nichts."

Die Erinnerung an den oberen Stock dürfte hier irgend eine symbolische Bedeutung haben, aber der Mangel an Material erlaubt uns keine Vermutungen. Endlich kommt jetzt die Erzählung:

V. „Ich erinnere mich aber, daß unserer viele sind, wir halten uns alle im Reigen, Hand in Hand, in der Zahl der sich Haltenden sind fremde Frauen (ich weiß nicht, warum es mir erinnerlich ist, daß es Wäscherinnen sind) und wir fangen alle an, uns zu drehen, zu hüpfen.

VI. „Fedor Iwanowitsch springt, die Beine zu hoch hebend und zu geräuschvoll und laut, und in ein und demselben Augenblick fühle ich, daß es nicht gut, unsittlich ist und ich bemerke ihn und, wie mir scheint, fange ich zu weinen an, und alles nimmt ein Ende."

Der Knabe freut sich — wie wir unter V sehen — beim Spiele mit den Dienstboten. Es ist ein großes Vergnügen.

Wenn Tolstoi sich an Maskenbälle erinnert, wo die maskierten Gutsbesitzer ankamen, so sagt er: „Alles dies war höchst ungewöhnlich und für die Erwachsenen wahrscheinlich unterhaltlich. Uns Kindern aber ging nichts über die Dienerschaft."[1] Und daß die Sitten der Dienstboten damals grob waren, ist unbestreitbar. Nehmen wir jetzt Abschnitt VI. Fedor Iwanowitsch, ein guter und gutherziger Mensch, trank manchmal sehr viel, wie wir aus dem Kapitel erfahren werden, das in den früheren Ausgaben von der Zensur unterdrückt wurde. Fedor Iwanowitsch war gewiß auch kein Asket. Es ist möglich, daß er sich allerlei Frivolitäten mit den Dienstmädchen erlaubte. Dies weckte im Knaben die Assoziation an seine eigenen Handlungen, die er mit seiner Schwester oder Dunetschka getrieben und verdrängt hatte (Abschnitt III). Jetzt tut Fedor Iwanowitsch das gleiche. Das Kind sieht das Verdrängte und darum erschrickt es und weint (Abschnitt VI).

Die fünfte Erinnerung ist ebenso bedeutungsvoll, wie die vier ersten.

„Bei meiner Versetzung nach unten, zu Fedor Iwanowitsch und dem Knaben empfand ich zum erstenmal und darum stärker als jemals später das Gefühl, welches man das Pflichtgefühl, das Gefühl des Kreuzes nennt, welches zu tragen jeder Mensch berufen ist .... und ich bemerkte hier zum erstenmal nicht alle diejenigen, mit denen ich oben wohnte, aber die Hauptperson, mit der ich lebte und welche ich früher nicht verstanden hatte. Das war meine Tante Tatjana Alexandrowna. Ich erinnere mich ihrer, der nicht hoch gewachsenen, starken, schwarzhaarigen, guten, zarten, mitleidigen. Sie zog mir den Schlafrock an, umgürtete mich, mich umarmend und küßte mich und ich sah, daß sie dasselbe fühlte, wie ich, daß es ihr leid, furchtbar leid tat, aber so sein sollte."

---

1) B i r j u k o w, I, 84.

Die Tante Tatjana Alexandrowna war Tolstois zweite Mutter. Von seiner ersten Mutter, die ihm das Leben gab, schreibt Tolstoi folgendes:

„An meine Mutter erinnere ich mich ganz und gar nicht. Ich war eineinhalb Jahre alt, als sie starb. Durch einen seltsamen Zufall blieb kein einziges Bild von ihr bewahrt, so daß ich sie mir als ein wirkliches, körperliches Wesen nicht vorzustellen vermag. In gewisser Beziehung ist mir dies lieb, weil dadurch in der Vorstellung, die ich mir von ihr mache, nur ihre geistige Gestalt lebt und alles schön ist, was ich von ihr weiß, und ich glaube, dem ist so, nicht nur, weil alle, die mit mir über meine Mutter sprachen, trachteten, gut von ihr zu sprechen, sondern auch, weil wirklich viel des Guten in ihr war." [1]

Weiter schreibt Tolstoi in seinen Erinnerungen über seine Mutter und seinen ältesten Bruder Nikolenka (Nikolenka war 6 Jahre alt, als die Mutter starb):

Sie hatten beide einen mir teueren Zug gemeinsam, auf den ich aus den Briefen meiner Mutter schließe und den ich an meinem Bruder selbst wahrgenommen habe: eine schöne Gleichgültigkeit gegen das Urteil der Welt und Bescheidenheit, die sie die Vorzüge des Geistes, der Seele und der Erziehung verstecken ließ, durch welche sie sich vor anderen auszeichneten. Sie schienen sich gleichsam dieser Vorzüge zu schämen . . . . Sie verdammten nie jemand." [2]

Durch eben diese Eigenschaften zeichnete sich Leo Tolstoi nie aus. Er wußte von ihrer Existenz nur aus den Erzählungen über seine Mutter und durch die Beobachtung seines Bruders. Diese Eigenschaften wurden zu Leo Tolstois Ideal. Von Kindheit an hatte Tolstoi das Idealbild seiner Mutter vor Augen.

Wenn wir darauf achten, daß die beiden allerersten Erinnerungen, welche seine auffallende Sinnlichkeit verraten,

---

1) Birjukow, I, 45. Tolstois Mutter ist in „Krieg und Frieden" in der Prinzessin Maria Bolkonski naturgetreu abgebildet. Der Autor bewahrt sogar ihren Namen und hat nur den ersten Buchstaben in ihrem Familiennamen aus W in B verwandelt.

2) Ebenda, 44.

in die Säuglingszeit gehören, und weiter, wenn Tolstoi sich auch nicht erinnert, so doch vermutet, daß er damals „die Brust küßte und lachte und seine Mutter erfreute", so weist uns diese Vermutung auf die Fixierung seiner Libido an die Mutter hin.

Die Mutter starb und nach ihrem Tode besetzte die Libido ihr Idealbild. Es ist wohl möglich, daß die Differenzierung zwischen der idealen und der realen Welt, eben infolge des Todes der Mutter, bei Tolstoi als ganz kleinem Kind vorhanden war. Dementsprechend wurde das Verhältnis zur Wirklichkeit ambivalent. Die Wirklichkeit, die an das Ideal erinnerte, wurde hochgepriesen und die vom Ideal abweichende verachtet. Möglicherweise wurde diese Ambivalenz nachher auf die eigene Person übertragen. Die Differenzierungen im Bereiche der Außenwelt gehen gewöhnlich denjenigen der Innenwelt voran. Jedenfalls ist dem so in der Bewußtseinssphäre, im Unbewußten kann es anders sein. Auf diese Weise ist die narzißtische Ambivalenz als sekundäre zu betrachten. Weiter erinnert Tolstoi über seine Mutter: „Sie erschien mir als ein so hohes, reines, durchgeistigtes Geschöpf, daß ich oft während meines Kampfes mit überstarken Versuchungen zu ihrer Seele betete und sie bat, mir beizustehen. Dieses Gebet hat mir auch stets geholfen."

Wie stark Tolstois Fixierung an die Mutter-Imago und seine Sehnsucht nach ihr war, ersieht man aus dem folgenden poetischen Bilde in der „Beichte": „Ich bin vielleicht nur ein aus dem Neste gefallenes Vögelchen, das auf dem Rücken liegend im hohen Grase piepst, — aber ich piepse, weil ich weiß, daß meine Mutter mich in sich getragen, ausgebrütet, erwärmt, gefüttert und geliebt hat. Wo ist sie, diese meine Mutter? Wenn ich ausgesetzt worden bin, wer hat mich denn

ausgesetzt? Ich kanns mir nicht verheimlichen, daß mich
jemand liebend geboren hat. Wer ist denn dieser Jemand?"
Das Schicksal war indessen Tolstoi sehr günstig, weil
Tatjana Alexandrowna wirklich die Mutter zu ersetzen imstande war. Tolstoi schreibt:

„Was Einfluß auf mein Leben anbelangt, so steht an dritter Stelle
gleich nach meinem Vater und meiner Mutter mein ‚Tantchen‘, wie
wir sie nannten: Tatjana Alexandrowna Jergolski. Sie war eine sehr
entfernte Verwandte meiner Großmutter Gortschakow." [1]

„In der Zeit, an die ich mich erinnere, war sie über 40 Jahre
alt und ich habe niemals darüber nachgedacht, ob sie hübsch oder nicht
hübsch sei. Ich liebte sie einfach, liebte ihre Augen, ihr Lächeln und
ihre dunkle, breite, kleine Hand, auf welcher sich die blauen Adern
deutlich abzeichneten. Sie liebte wahrscheinlich meinen Vater und mein
Vater liebte sie. Allein sie heiratete ihn nicht, als sie noch jung waren,
damit er meine reiche Mutter heiraten könne, und sie heiratete ihn
späterhin nicht, weil sie ihre reine, stille Zärtlichkeit für ihn und uns
nicht trüben wollte . . . . Ihr Hauptcharakterzug war Liebe. Ich wünschte
nur, es wäre dies nicht einzig und allein die Liebe zu einem einzigen
Menschen — zu meinem Vater — gewesen. Doch wenn auch, ihre
Liebe erstreckte sich von diesem einen Punkt aus auf alle rundum. Wir
fühlten, daß sie uns um seinetwillen liebe, daß sie durch ihn jeden
liebe, weil ihr ganzes Leben Liebe war . . . . Ich erwähnte bereits, daß
‚Tantchen‘ den größten Einfluß auf mein Leben hatte. Dieser Einfluß
bestand vor allem darin, daß sie mich von Kindheit an die geistige
Wonne der Liebe gelehrt. Sie lehrte sie mich nicht in Worten, sondern
durch ihr ganzes Leben, durch ihr ganzes Wesen, das mich mit Liebe
erfüllte. Ich sah, ich fühlte, wie sie in Liebe lebte, und ich verstand,
das Glück der Liebe — und zwar von allem Anfang an." [2]

Die systematische Beschreibung seiner Kindheit beginnt
Tolstoi, wie wir oben gesagt haben, mit 10 Jahren, aber in

---

1) Birjukow, I, 70.
2) Birjukow, I, 72, 73, 74, 75.

einem Kapitel erinnert er sich einer früheren Zeit, zu der er etwa 3—4 Jahre alt war.

„Nachdem ich mich müde gelaufen, saß ich gerne am Teetisch, auf meinem hohen Stühlchen; es war schon spät, ich hatte längst meine Tasse Milch mit Zucker ausgetrunken, die Augen wollten mir vor Müdigkeit zufallen, aber ich rührte mich nicht von der Stelle, ich saß und lauschte. Und wie sollte ich nicht lauschen? Maman spricht mit jemandem und der Klang ihrer Stimme ist so süß, so freundlich. Der bloße Klang sagt meinem Herzen so viel! . . . . Ich stehe auf, ziehe beide Beine in die Höhe und lege mich behaglich im Lehnstuhl zurecht . . . . Es kam vor, daß mich im Halbschlummer eine zärtliche Hand berührte; an der bloßen Berührung erkannte ich sie und noch im Schlafe und unwillkürlich ergriff ich diese Hand und drückte sie fest, fest an meine Lippen. Es waren schon alle weggegangen, eine Kerze brannte im Gastzimmer; Maman hatte gesagt, sie wollte mich selbst wecken; dann setzte sie sich auf den Lehnstuhl, auf dem ich schlief, fuhr mit ihrer wunderbaren, zarten Hand über meine Haare und in mein Ohr klang die liebe, bekannte Stimme. — ‚Steh auf, mein Herzchen, es ist Zeit, schlafen zu gehen.‘ — Niemandes gleichgültige Blicke stören sie, sie scheut sich nicht, all ihre Zärtlichkeit und Liebe über mich auszugießen. Ich rühre mich nicht, sondern küsse nur noch inniger ihre Hand. — ‚Steh’ auf, mein Engel.‘ Sie faßt mit der anderen Hand meinen Hals und kitzelt mich. Im Zimmer ist es still, halbdunkel; ich bin vom Kitzeln und vom Erwachen aufgeregt. Mamachen sitzt dicht neben mir, sie berührt mich, ich fühle ihren Geruch [1] und höre ihre Stimme. Dies alles zusammen wirkt so auf mich, daß ich aufspringe, mit meinen Armen ihren Hals umfange, mich an ihren Busen drücke und atemlos ausrufe: Ach, liebe, liebe Mama, wie hab’ ich dich lieb! — Auf ihrem Antlitz spielt ihr trauriges, bezauberndes Lächeln, sie nimmt meinen Kopf in beide Hände, küßt mich auf die Stirn und setzt mich auf ihren Schoß. Wenn ich nachher nach oben ging, und in meinem wattierten Schlafröckchen vor den Heiligenbildern stand — welch wunderbares Gefühl durchzog mich, wenn ich sprach: „Lieber Gott, nimm Papa und Mama

---

1) „Ich fühle ihren Geruch“ ist willkürlich durch: „ich empfinde ihre Nähe“ übersetzt. Die Übersetzung von Raphael Löwenfeld ist zum Lesen gut geeignet, aber für die Psychoanalyse bedarf sie einiger Korrekturen.

in deine Hut!" Wenn ich die ersten Gebete stammelte, welche meien Kinderlippen nach der geliebten Mutter wiederholten, floß die Liebe zu ihr und meine Liebe zu Gott eigentümlicherweise in ein Gefühl zusammen."

Irrtümlich behauptet Birjukow, daß die Gestalt der Mutter in der Erzählung „Kindheit" frei erfunden sei.[1] Wir können im Gegenteil feststellen, daß diese Mutter-Imago nicht nur nicht frei erfunden ist, sondern den Bildern der beiden Mütter von Tolstoi entspricht. Die Mutter der „Kindheit" stellt eine Verdichtung der ersten und der zweiten Mutter dar. Die hochpoetischen Züge, das unirdische Kolorit, das Zusammenfließen der Liebe zur Mutter und zu Gott, — das gehört der ersten Mutter-Imago, die Sinnlichkeit und die Zärtlichkeit, die früher auch der ersten Mutter zuteil wurden, gehören jetzt der zweiten, sind auf die zweite Mutter übertragen. Daß in der angeführten Szene Tatjana Alexandrowna gemeint wird, beweist unzweideutig folgende Stelle aus Tolstois Memoiren:[2]

„Ich hatte Ausbrüche zärtlicher, leidenschaftlicher Liebe für sie. Ich erinnere mich, wie sie einst auf dem Diwan im Salon saß und ich mich hinter sie stahl. Ich war damals ungefähr fünf Jahre alt. Sie berührte mich liebkosend mit der Hand. Da haschte ich nach dieser Hand und küßte sie ab und weinte aus lauter Zärtlichkeit."

Das angeführte Bild des typischen sinnlich-zärtlichen Verhältnisses zwischen Mutter und Sohn ist geradezu vollständig. Die Sinnlichkeit ist hier durch sinnlichen Genuß an Gesichts-, Gehörs-, Geruchs- und Tastempfindungen vertreten, ebenso wie in der zweiten Erinnerung. Für Tolstoi ist es charakteristisch, daß er keine besondere Prädominierung eines der Sinne zeigt. Wie in seinem Leben, so auch in seinem

---

1) Birjukow, I, 57.
2) Birjukow, I, 72.

dichterischen Schaffen nützt er alle sinnlichen Empfindungen
aus, sogar die Geruchsempfindungen spielen bei Tolstoi eine
bedeutende Rolle.

Wie stark die Fixierung an Tatjana Alexandrowna war,
sehen wir unter anderem an folgenden Beispielen. Im Briefe
vom 6. I. 1852 schreibt Tolstoi:[1] „Ich schrieb Dir unlängst,
daß ich Tränen über deinen Brief vergossen . . . . Früher
schämte ich mich dieser Schwäche, doch sind die Tränen,
die ich bei dem Gedanken an Dich und Deine Lieben (d. h.
an Tolstois Eltern) vergieße, so süß, daß ich sie nun ohne
Skrupel und falsche Scham fließen lasse . . . . Wenn Du
sagst, daß die Reihe nun an Dir sei, uns zu verlassen, und
zu jenen zu gehen, die nicht mehr sind und die Du so sehr
geliebt, wenn Du sagst, daß Du zu Gott betest, er möge
Deinem Dasein, das Dir so unerträglich und einsam scheint,
ein Ende bereiten, wenn Du dies sagst, dann ist mir, teuerste
Tante, als beleidigtest Du Gott und mich und uns alle, die
Du so liebst. Du bittest Gott um Deinen Tod, das heißt um
das größte Unglück, das mich treffen könnte. Dies ist keine
Phrase; Gott ist mein Zeuge, daß die zwei größten Schicksals-
schläge, die mich treffen könnten, Dein Tod wäre oder der
Nikolaus' — der beiden Menschen, die ich mehr liebe als
mich selbst . . . . Freilich bin ich mir bewußt, daß es eine
häßliche Empfindung ist, die mir diese Worte diktierte; ich
bin eifersüchtig auf Deinen Kummer." Wie wir wissen, liebte
Tatjana Alexandrowna Tolstois Vater. Folglich ist hier Tolstoi
auf diese Liebe eifersüchtig. Weiter phantasiert Tolstoi:

„Jahre sind vergangen, ich bin weder jung noch alt, lebe in
Jassnaja und meine Angelegenheiten sind in Ordnung. Ich habe keinen
Kummer, keine Sorgen. Du lebst gleichfalls in Jassnaja. Du bist ein

---

1) Birjukow, I, 195.

wenig älter geworden, bist aber noch frisch und bei guter Gesundheit.
Wir führen das Leben, das wir stets geführt . . . ."

Weiter beschreibt Tolstoi sein zukünftiges Leben, das seinem
kindlichen Leben mutatis mutandis genau entsprechen soll.

„Ich bin verheiratet. Meine Frau ist ein süßes, sanftes, zärtliches
Weib; sie liebt Dich ebensosehr wie ich Dich liebe; wir haben Kinder,
die Dich Großmama nennen . . . . Nun sollte freilich auch jemand den
Platz ausfüllen, den Du in unserer Familie ausgefüllt hast — doch wird
sich wohl nie eine so wundervolle Seele finden, die zu lieben versteht
wie Du. Für Dich gibt es keinen Ersatz . . . .[1] Wollte mich jemand
zum Kaiser von Rußland machen oder mir Peru schenken — mit einem
Worte, käme eine Fee mit einer Wünschelrute und fragte mich, was
ich mir wünsche, so wollte ich, die Hand auf dem Herzen, ihr zur
Antwort geben, ich wünsche nichts, als daß dieser Traum je Wirklichkeit werde."

Dieser Traum ging in Erfüllung. Aber noch vor seiner
Heirat lebte Tolstoi mit Tatjana Alexandrowna zusammen
und da gab es Stunden, wo Tolstoi mit ihr wieder die Beziehungen „Mutter-Sohn" erlebte, sogar mit Anspielungen auf
das Verhältnis von „Mann und Frau".

„Außer beim Tedeum und Requiem habe ich sie nie beten
gesehen. Nur aus einer ganz besonderen Milde, mit welcher sie mir
begegnete, wenn ich manchmal spät nachts, nachdem ich mich schon
von ihr verabschiedet hatte, nochmals zu ihr zurückkehrte, erriet ich,
daß ich sie im Gebete unterbrochen hatte. ‚Komm' herein, komm'
herein!' sagte sie dann. ‚Gerade habe ich zu Natalja Petrowna gesagt,
daß Nikolaus noch einmal hereinschauen würde.' Sie gab mir oft den
Namen meines Vaters und dies tat mir besonders wohl, da es mir zeigte,
daß mein Vater und ich in ihrer großen Liebe in eins verschmolzen.
Um diese späte Nachtstunde war sie bereits in ihrem Nachtkleid, hatte

---

1) Wie sehr die Träume vom zukünftigen Leben das kindliche Leben
wiedergeben, beweist unter anderem ein Beispiel aus meiner eigenen Kindheit;
als 5jähriger Knabe pflegte ich zu sagen, daß ich nicht heiraten kann, denn
wer soll dann der Onkel sein. Ich war der einzige Sohn, und hatte nur Schwestern.
In unserer Familie wohnte aber immer der unverheiratete Bruder meiner Mutter.

einen Schal um die Schultern, während ihre kleinen spindelartigen Beine in Pantoffeln staken. Natalja Petrowna war in einem ähnlichen Negligé. ‚Setze dich, setze dich‘, pflegte sie zu sagen, wenn sie sah, daß ich nicht schlafen konnte oder unter der Einsamkeit litt. Und die Erinnerungen an diese unregelmäßigen langen Stunden des Wachens sind mir besonders teuer."[1]

Über Tolstois Verhältnis zu seinem Vater wie zu den Geschwistern werden wir nicht sprechen, weil wir zu diesem Zweck alle drei Erzählungen „Kindheit", „Knabenalter" und „Jugend" analysieren müßten. Aus Tolstois „Familienroman" (Freud) entnehmen wir nur die Fixierung an die ideale Mutter-Imago und an die zweite Mutter.

Die sexuelle Entwicklung auf dem Wege der Objektlibido können wir folgendermaßen skizzieren: Im Intrauterinleben wird die Libido auf das eigene Ich gerichtet. Dieses Ich ist aber mit der Mutter unzertrennlich verbunden. Die ursprüngliche Ichlibido hat also zwei zusammengelötete Objekte: das eigene Ich des Individuums und die Mutter.

Libido ——— Ich (= das Indiv.-Ich + die Mutter).

Nach der Geburt manifestieren sich die Sinnlichkeit und die Zärtlichkeit, die auf die Mutter gerichtet sind, zugleich kann die Sinnlichkeit auch auf die eigene Person gerichtet sein — der Weg des (charakterologischen) Narzißmus, den wir in den Kapiteln III und IV erläutert haben.

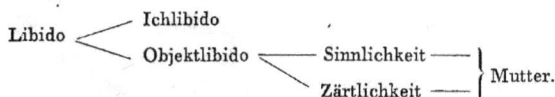

Libido $\Big\langle$ Ichlibido

Objektlibido $\langle$ Sinnlichkeit ——— $\Big\}$ Mutter.
Zärtlichkeit ———

Von der Ichlibido stammt auch die Jagdleidenschaft.

---

1) B i r j u k o w, I, 345.

Von den Ichtrieben stammen die Gewalt (Sadismus)
und der Haß (die Eifersucht), die in den Zusammenhang
der Sexualität eintreten.

Auf das (kannibalische) Stadium der Sexualität finden
wir bei Tolstoi keinen Hinweis außer der Jagdleidenschaft.
Die zweite Phase — die analerotische — ist aber, wie oben
gezeigt wurde, bei Tolstoi deutlich ausgeprägt.

Dann werden die seelischen Mächte aufgebaut, die dem
Sexualtriebe als Hemmnisse in den Weg treten und gleich
wie Dämme seine Richtung beengen (der Ekel, das Scham-
gefühl, die ästhetischen und moralischen Idealanforderungen).[1]
Die Sinnlichkeit und die Zärtlichkeit — die inzestuösen und
auch alle anderen — werden verdrängt (siehe die vierte
Erinnerung). Trotzdem kommen Durchbrüche von Sinnlichkeit und Zärtlichkeit vor.

Wir finden folgende interessante Seiten in der „Kindheit":

Die Kinder spielen im Wald. Die Erzählung wird in Nikolenkas
(Tolstois eigenem) Namen geführt. „Als Ljubotschka im Spiel von einem
Baum amerikanische Früchte pflückte, riß sie ein Blatt mit einer großen
grünen Raupe ab. Erschreckt schleuderte sie es auf den Boden . . . .
Das Spiel hörte auf und wir bückten uns alle und steckten die Köpfe
zusammen, um dieses Wundertier zu betrachten . . . . Der Wind hob
das Busentuch von ihrem (d. h. Katinka-Dunetschkas, die oben erwähnt
wurde) weißen Halse. Ich blickte schon nicht mehr auf die Raupe,
sondern auf die nur zwei Finger breit von meinen Lippen entfernte
nackte Schulter. Ich sah und sah, und preßte dann meine Lippen so
heftig darauf, daß Katinka zurückwich, und empfand dabei solchen Genuß,
daß ich am liebsten nie aufgehört hätte. Katinka wandte sich nicht
einmal um; aber ich bemerkte, daß nicht nur die Stelle, die ich geküßt,
sondern ihr ganzer Hals rot wurde. Wolodja sagte verächtlich, ohne
den Kopf zu heben: „Was sind das für Zärtlichkeiten!" und beschäftigte

---

1) Freud, Drei Abhandlungen zur Sexualtheorie. A. a. O.

sich weiter mit der Raupe (Verdrängende Kräfte!). Mir aber traten vor
Lust und Scham Tränen in die Augen. Dieses Lustgefühl war für mich
ganz neu; nur einmal, als ich meinen bloßen Arm betrachtete, hatte
ich etwas Ähnliches empfunden. Obgleich ich mich sehr schämte, verwandte ich von jetzt ab kein Auge von Katinka." (Das Kapitel, aus
dem wir dieses Zitat entnommen haben, ist „Etwas wie eine erste
Liebe" betitelt).[1]

Die Kinder sitzen in einer dunklen Kammer und schauen, wie
der blödsinnige Grischa betet. Nikolenka ist ganz in seine Betrachtung
vertieft. „. . . . Jemand faßte meine Hand und flüsterte: wessen Hand
ist das? In dem Verschlage war es ganz finster, aber an der Berührung
allein und an der Stimme, welche mir direkt ins Ohr flüsterte, erkannte
ich Katinka sofort. Ganz unwillkürlich ergriff ich den nackten Arm am
Ellbogen und drückte meine Lippen darauf."

Katinka ist also das erste Liebesobjekt Tolstois. Katinka
ist die Pflegetochter von Tolstois Eltern (Dunetschka). Die
eben zitierte Szene ähnelt außerordentlich der früher angeführten Szene mit Tatjana Alexandrowna. Tatjana Alexandrowna war auch Pflegetochter von Tolstois Großeltern. Auf
diese Weise ist die erste Objektwahl Tolstois nach dem
Mutter-Vorbilde geschehen.

Wir haben die Szene mit Katinka nach der klassischen
Ausgabe zitiert. Die Zensur hatte seinerzeit die folgende
Seite gestrichen:

„In demselben Augenblick (als Nikolenka Katinka an der Berührung
erkannte) empfand ich ein süßes Zittern und dachte an die Stelle unter
dem Busentuch, die ich heute im Walde geküßt hatte. Ich erwiderte
nichts auf die Frage, sondern ergriff mit beiden Händen ihren Arm,
preßte ihn gegen meine Lippen und küßte ihn heftig. Aber damit be-
gnügte ich mich nicht; ohne ihren Arm loszulassen, knöpfte ich vorsichtig den Ärmel auf und bedeckte den Arm von der Handwurzel bis

---

1) Leo Tolstoi. Kindheit. Übertragen und eingeleitet von Adolf Heß.
Reclam.

zum Ellbogen an der Stelle, an der zur Ader gelassen wird, mit leidenschaftlichen Küssen. Als ich die Lippen in dieses Grübchen schmiegte, empfand ich einen unbeschreiblichen Genuß und dachte nur an eins — nämlich mit den Lippen nicht zu viel Geräusch zu machen, um mich nicht zu verraten. Katinka zog ihre Hände nicht zurück, sondern suchte mit der anderen meinen Kopf, streichelte mein Gesicht und das Haar und suchte mich fortzudrängen. Dann zog sie, als ob sie sich schämte, schnell ihren Arm zurück und streifte den Ärmel herunter; ich packte ihn aber wieder und preßte ihn noch stärker, bis mir Tränen aus den Augen rannen. Ich tat ihr leid, sie beugte sich über mich und berührte mein Haar. Jetzt war mir so wohl wie nie im Leben; ich wünschte nur, dieser selige Zustand möchte nie aufhören. Wie soll ich den Genuß beschreiben, den ich empfand. Es kam hinzu, daß die Haut auf dem Arm, den ich küßte, so zart und so weich war, und der Gedanke, daß dieser Arm Katinka gehörte, die ich stets geliebt hatte, und von der ich mich morgen, vielleicht auf immer trennen sollte. Aber was bedeutete dieses süße Weh, das ich empfand und das mir Tränen in die Augen trieb?"

Nikolenka verliebte sich noch in demselben Jahr in Sserjoscha Iwin, der fast im gleichen Alter war. „. . . . Seine originelle Schönheit frappierte mich beim ersten Anblick ganz. Ich fühlte mich unwiderstehlich zu ihm hingezogen; ihn sehen war für mich Glücks genug und eine Zeit lang vereinigten sich alle Kräfte meiner Seele in diesem Wunsche; wenn es vorkam, daß ich drei oder vier Tage verbringen mußte, ohne ihn zu sehen, so grämte ich mich und mir wurde ganz weinerlich zu Mute. Alle meine Gedanken, im Wachen und im Träumen, waren bei ihm; wenn ich mich schlafen legte, wünschte ich, von ihm zu träumen; schloß ich die Augen, so sah ich ihn vor mir und letzte mich an diesem Trugbild, wie an dem höchsten Genusse. Keinem auf der Welt hätte ich dieses Gefühl anvertrauen mögen, so wert hielt ich es . . . . Ich wünschte nichts, beanspruchte nichts und war bereit, für ihn alles zu opfern. Außer der leidenschaftlichen Zuneigung, die er mir zu sich einflößte, rief seine Anwesenheit in mir noch ein anderes, nicht minder starkes Gefühl wach — die Furcht, ihn zu erzürnen, durch irgend etwas zu beleidigen, ihm zu mißfallen, vielleicht weil sein Gesicht einen hochfahrenden Ausdruck hatte oder weil ich, mein ungünstiges

Äußere verachtend, bei anderen die Vorzüge der Schönheit zu sehr schätzte, oder, was wahrscheinlicher ist, weil das ein sicheres Anzeichen der Liebe ist: ich fürchtete ihn ebenso sehr wie ich ihn liebte. Beim ersten Mal, als Sserjoscha mit mir sprach, wurde ich von dem unerwarteten Glücke so verwirrt, daß ich abwechselnd bleich und rot wurde, und ihm gar nicht antworten konnte . . . . Zuweilen erschien mir sein Einfluß drückend, unerträglich, aber mich demselben zu entziehen, lag nicht in meiner Macht . . . . Ich wagte nicht nur nicht, ihn zu küssen, was ich häufig lebhaft wünschte, oder ihn bei der Hand zu nehmen und zu sagen, wie froh ich sei, ihn zu sehen, sondern ich wagte nicht einmal ihn Sserjoscha (Diminutivum) zu nennen, sondern unbedingt Ssergei, das war nun einmal bei uns so abgemacht. Jeder Ausdruck von Gefühl bezeugte Kinderei, und wer sich derartiges erlaubte, war noch ein kleiner Bub."

Die erste Objektwahl — Katinka — war nach dem Anlehnungstypus vollzogen worden.[1] Die zweite — Sserjoscha — erfolgte auf komplizierten Wegen: 1) Auch nach dem Anlehnungstypus, weil Sserjoscha den Vater ersetzte; 2) nach dem narzißtischen Typus, weil Sserjoscha das war, was Tolstoi selbst sein wollte (ein hübscher Knabe usw.). Der Übergang zur Wahl des zweiten Objektes ist klar: Tolstoi zeigte die Fixierung an die Mutter, er identifizierte sich mit ihr; die Mutter liebte den Vater, also liebte auch Tolstoi den Vater, resp. eine ihm ähnliche Person.[2] Daß im Verhältnisse zu Sserjoscha die Gefühle des Sohnes zum Vater hervortreten, ist aus der typischen ambivalenten Einstellung zu Sserjoscha ersichtlich:

„Ich fürchtete ihn ebenso sehr wie ich ihn liebte."

---

1) Zur Einführung des Narzißmus. L. c. S. 98.

2) Die ausführliche Besprechung des Ödipuskomplexes (Freud, Traumdeutung und Rank, Das Inzest-Motiv in Dichtung und Sage) behalten wir uns für die Analyse der Erzählungen „Kindheit, Knabenalter und Jugend" vor.

Und weiter:

„Zuweilen erschien mir sein Einfluß drückend, unerträglich, aber mich demselben zu entziehen, lag nicht in meiner Macht."

Wir sehen auch aus dem oben angeführten Zitat, daß die Zärtlichkeit in der Gemeinschaft der Knaben stark verdrängt wurde.

Im selben Jahre wurde Nikolenka Sserjoscha untreu — er verliebte sich in Sonitschka, ein 12 jähriges Mädchen. „Zum ersten Mal in meinem Leben wurde ich untreu in der Liebe und zum erstenmal empfand ich die Süßigkeit dieses Gefühls." Es ist interessant zu beobachten, daß Tolstoi seine Verliebtheit in Sserjoscha, einen Knaben, ganz gleich schätzt wie seine Verliebtheit in das Mädchen, aber es ist sonderbar, daß er seine Untreue gegen Sserjoscha für die erste hält und Katinka vergißt. Das kann man wahrscheinlich dadurch erklären, daß sein Verhältnis zu Katinka, welche mit ihm zusammen wohnte, fortdauerte und ihm kein Hindernis zu neuen Verliebtheiten bot. Das bemerkt man auch bei Erwachsenen häufig! Andererseits ist es wohl möglich, daß Tolstoi seine Verliebtheit in Sserjoscha (Vater) und in Katinka (Mutter) als Ödipuskomplex unbewußt in Eins zusammenfaßte und jetzt seine Untreue gegen diese Ödipus-Einstellung als die erste Untreue bezeichnete.[1]

Beide Brüder waren in Sonitschka verliebt. Nach einem Kinderball bei ihrer Großmutter, wo sie das Mädchen zum erstenmal gesehen hatten, lagen sie nachts in ihren Betten und führten folgendes Gespräch miteinander:

„— Nur eines wünschte ich mir, — fuhr ich fort, — und das wäre, immer bei ihr zu sein, sie immer zu sehen und weiter nichts. Und

---

1) Katinka war ein Familienmitglied und unter dem Bilde von Sserjoscha verbirgt sich nicht nur Tolstois Vater, sondern auch Tolstois Bruder. Katinka und Sserjoscha gehören also dem Familienkreise an.

du — bist du auch verliebt? Gestehe nur die Wahrheit, Wolodja. Seltsam, ich wollte, daß alle in Sonitschka verliebt seien und das auch äußerten. — Was geht das dich an? — sagte Wolodja, sich mit dem Gesicht zu mir wendend, — vielleicht.

— Du wolltest nicht schlafen, du hast dich nur so gestellt? — rief ich, als ich an seinen glänzenden Augen sah, daß er gar nicht an Schlaf dachte, und warf die Decke zurück. — Komm, sprechen wir lieber von ihr, nicht wahr, sie ist entzückend? . . . . so entzückend, daß, wenn sie mir sagen würde: Nikolenka, springe aus dem Fenster oder stürze dich ins Feuer, — ich mich bestimmt keinen Augenblick besinnen würde — ich spränge sofort und mit Freuden. Ach, wie reizend sie ist! — fügte ich hinzu; meine Phantasie zauberte sie mir ganz lebhaft vor, und um dieses Bild recht zu genießen, warf ich mich mit einem Ruck auf die andere Seite und steckte meinen Kopf unter die Kissen. Ich möchte gleich losweinen, Wolodja. — Du bist dumm! — sagte er lächelnd und nach kurzer Pause. — Ich bin gar nicht so wie du, ich denke mir, wenn es möglich wäre, möchte ich zunächst neben ihr sitzen und mit ihr sprechen . . . . — Ah! also du bist auch verliebt? — unterbrach ich ihn. — Dann, fuhr Wolodja mit einem zärtlichen Lächeln fort, — möchte ich ihre Fingerchen, ihre Augen, ihr Mündchen, ihr Näschen, ihr Füßchen, mit einem Worte, alles an ihr küssen. — Dummheiten! rief ich unter den Kissen her. — Du verstehst gar nichts! — sagte Wolodja verächtlich. — Nein, ich verstehe wohl, aber du verstehst nichts und schwatzest dummes Zeug, — sagte ich unter Tränen. — Na, zum Weinen ist da gar kein Grund. Ein rechtes Weib!"

Nikolenka verstand gut, wie angenehm alles war, wovon Wolodja schwärmte, aber er verdrängte die sinnlichen Wünsche. Die Aktivität des Triebes war bei Nikolenka sehr stark: vgl. die Bereitschaft aus dem Fenster zu springen, sich ins Feuer zu stürzen. Aber die Verdrängung war auch mächtig: er setzt selbst seinen Begehrungen die Grenze: immer bei ihr zu sein, sie immer zu sehen und weiter nichts. Darum ärgern ihn Wolodjas Worte, die an seiner Verdrängung rütteln, so sehr.

Wenn wir die Liebe zu Katinka mit der zu Sonitschka
vergleichen, so sehen wir, daß der organische Entwicklungs-
prozeß selbst zu demselben Resultate geführt hat, welches
die Zensur verlangte, indem sie die Beschreibung der sinnlichen Betätigungen in der Szene mit Katinka strich. Für
Sonitschka blieb nur die Zärtlichkeit übrig.

Das verschiedene Verhältnis Nikolenkas und Wolodjas
zur sexuellen Frage kann man nicht durch den Altersunterschied
erklären: der Unterschied von 2 Jahren kann hier keine
Rolle spielen. Die Verschiedenheit der Brüder in sexueller
Beziehung wurde noch deutlicher beim Eintritt in die Pubertät.

„Aber auch nicht eine von den Veränderungen, die sich in meinen
Anschauungen vollzogen, war von so großem Eindruck auf mich selbst,
wie die, welche mich in einem unserer Mädchen nicht mehr den weib-
lichen Dienstboten sehen ließ, sondern das Weib, von welchem bis zu
einem gewissen Grade meine Ruhe und mein Glück abhängen konnte . . . .
Mascha[1] war etwa fünfundzwanzig Jahre alt, als ich vierzehn zählte.“
Nikolenka hört zufällig Wolodjas und Maschas Treiben im Mädchenzimmer. Mascha sagt: „— O, wo wollen Sie mit ihren Händen hin?
Schämen Sie sich! — und Mascha lief in ihrem Tuch, das nach der
Seite gezerrt war und unter welchem ihr weißer voller Nacken hervor-
glänzte, an mir vorüber. Ich kann kaum sagen, wie sehr mich diese
Entdeckung in Erstaunen setzte, aber das Gefühl des Erstaunens machte
sogleich einem Mitempfinden mit Wolodja Platz. Mich wunderte nicht
mehr seine Handlungsweise selbst, sondern wie er dazu gekommen war,
diese Handlung für einen Genuß zu halten. Unwillkürlich wandelte
mich die Lust an, ihn nachzuahmen. Ganze Stunden brachte ich bisweilen im Treppenflur zu, ohne etwas Bestimmtes zu denken und horchte
mit angespannter Aufmerksamkeit auf die leisesten Bewegungen, die sich
oben vernehmen ließen; aber ich konnte es nie über mich gewinnen,

---

1) Es ist interessant zu bemerken, daß die Mehrzahl der Frauengestalten
in den dichterischen Werken Tolstois, welche ihn, resp. den Helden sinnlich
anziehen, den Namen seiner Mutter tragen: Mascha im „Knabenalter“, Marianka
in den „Kosaken“, Maria in „Vater Sergius“, die Zigeunerin Mascha im Drama
„Der lebende Leichnam“.

Wolodja nachzuahmen, obgleich ich zu nichts auf der Welt solche Lust verspürte. Bisweilen horchte ich, das Ohr an die Tür gelegt, mit einem drückenden Gefühl des Neides und der Eifersucht auf das Treiben im Mädchenzimmer . . . . Ich hatte manchmal gehört, wie Mascha zu Wolodja sagte: Eine Strafe Gottes! Was in aller Welt wollen Sie von mir, machen Sie, daß Sie fortkommen, Sie ausgelassener Mensch . . . . Warum kommt Nikolai Petrowitsch (Nikolenkas voller Name) nie hierher, Dummheiten machen? . . . . Sie wußte nicht, daß Nikolai Petrowitsch unter der Treppe kauerte und alles auf der Welt hergegeben hätte, um an der Stelle des ausgelassenen Menschen zu sein. Ich war schamhaft von Natur, aber meine Schamhaftigkeit wuchs noch durch die Überzeugung von meiner Häßlichkeit . . . . Ich war zu stolz, um mich an meine Lage zu gewöhnen, ich tröstete mich, wie der Fuchs, der sich einredete, daß die Trauben noch grün seien, d. h. ich bemühte mich, alle Annehmlichkeiten zu verachten, die ein angenehmes Äußeres verschaffen kann, die in meinen Augen Wolodja genoß und um die ich ihn von ganzer Seele beneidete, und ich spannte alle Kräfte meines Verstandes und meiner Einbildung an, um in einer stolzen Zurückgezogenheit Genuß zu finden."

Der Eintritt in die Pubertät wird bei Tolstoi durch die starke, aber zugleich mächtig verdrängte Sinnlichkeit gekennzeichnet. Wir wissen schon aus dem oben skizzierten Entwicklungsgang von Tolstois Sexualleben, daß die Sinnlichkeit verdrängt wurde. Zur Zeit der Geschlechtsreife vermochte das neue, schon genitale Ansteigen der Sinnlichkeit die Verdrängung nicht zu beseitigen. Der Sexualdrang rief auch die Verstärkung des Schamgefühls hervor, welches noch „durch die Überzeugung von seiner Häßlichkeit" gestärkt wurde. Zugleich führten die realen Ereignisse dazu, daß das Erwachen der genitalen Sinnlichkeit an einem Objekte geschah, das gerade nur die Sinnlichkeit, nicht aber die Zärtlichkeit zu erwecken imstande war. So wird der Eintritt in die Pubertät durch das Auseinandergehen der sinnlichen und der zärtlichen Strömungen charakterisiert.

„Die Normalität des Geschlechtslebens wird nur durch das exakte Zusammentreffen der beiden auf Sexualobjekt und Sexualziel gerichteten Strömungen, der zärtlichen und sinnlichen, gewährleistet, von denen die erstere in sich faßt, was von der infantilen Frühblüte der Sexualität erübrigt. Es ist wie der Durchschlag eines Tunnels von beiden Seiten her."[1] Bei Tolstoi blieben aber die zärtlichen und die sinnlichen Strömungen auf immer getrennt.

Tolstois Seelenkonflikt bestand im Kampfe dreier sexueller Strömungen miteinander: der narzißtischen, der zärtlichen und der sinnlichen.

Das nächste Resultat seines Mißerfolges mit Mascha war das folgende:

„Ich fühlte mich mehr und mehr einsam. und meine Hauptvergnügen waren einsame Meditationen und Beobachtungen . . . . . . Kaum wird man mir glauben, welches die beständigen und die Lieblingsgegenstände meiner Meditationen in meinem Knabenalter waren, — so sehr waren sie für mein Alter und meinen Zustand unpassend . . . . . Diese Gedanken stellten sich meinem Verstand mit solcher Klarheit und Wunderlichkeit vor, daß ich mich sogar bemühte, sie im Leben anzuwenden, dabei bildete ich mir ein, der erste zu sein, der große und nützliche Wahrheiten entdecke. Einst kam mir der Gedanke, daß das Glück nicht von äußerlichen Ursachen abhänge, sondern von unserem Verhalten gegen sie, daß der Mensch, der gewohnt ist, Leiden zu ertragen, nicht unglücklich sein könne, — und um mich an die Arbeit zu gewöhnen, hielt ich auf den ausgestreckten Armen, des schrecklichen Schmerzes ungeachtet, Tatitschews Wörterbücher fünf Minuten lang, oder ging in eine dunkle Kammer und geißelte mich mit einem Strick auf den nackten Rücken so stark, daß mir die Tränen unwillkürlich in die Augen traten. Ein anderes Mal, mich plötzlich erinnernd, daß

---

1) Freud. Drei Abhandlungen zur Sexualtheorie a. a. O. S. 71. Siehe auch „Beiträge zur Psychologie des Liebeslebens". I. und II. Sammlung kleiner Schriften zur Neurosenlehre. Vierte Folge. L. c.

der Tod mich jede Stunde, jede Minute erwarte, entschied ich, ohne
zu verstehen, wie es bis jetzt die Leute nicht verstanden hatten, daß
der Mensch nicht anders glücklich sein könne, als wenn er die Gegenwart ausnütze ohne an die Zukunft zu denken, — und unter dem Einflusse dieses Gedankens vernachlässigte ich drei Tage lang meine Auf-
gaben und beschäftigte mich nur damit, im Bette liegend, das Lesen
irgend eines Romans und das Essen von Honigkuchen zu genießen, die
ich für mein letztes Geld kaufte . . . . Aber ich schwärmte für keine
philosophische Richtung so sehr wie für den Skeptizismus,[1] welcher mich
einst in einen Zustand nahe der Verrücktheit brachte. Ich stellte mir
vor, daß außer mir niemand und nichts in der ganzen Welt existiere,
daß die Gegenstände keine Gegenstände, sondern Bilder seien, welche
nur dann erscheinen, wenn ich auf sie achtgebe, und sobald ich auf-
hörte, an sie zu denken, verschwänden diese Bilder sogleich. Mit einem
Worte, ich kam zum selben Resultat wie Schelling, in der Überzeugung,
daß nicht die Gegenstände existierten, sondern mein Verhältnis zu ihnen.
Es gab Augenblicke, wo ich unter dem Einflusse dieser beständigen
Idee solch einen Grad der Verrücktheit erlangte, daß ich mich manchmal schnell auf die entgegengesetzte Seite umkehrte, in der Hoffnung,
unerwartet die Leere *(néant)* dort zu treffen, wo ich nicht war . . . .
Aus dieser ganzen schweren geistigen Arbeit erwarb ich nichts außer
der Geschicklichkeit des Verstandes, die meine Willenskraft schwächte,
und der Gewohnheit an fortwährende geistige Analyse, welche die Frische
der Gefühle und die Klarheit der Vernunft vernichtete . . . . Meine
Neigung zu abstraktem Nachdenken entwickelte in mir so unnatürlich
das Bewußtsein, daß ich oft, wenn ich an die einfachste Sache zu denken
anfing, in den endlosen Kreis der Analyse meiner Gedanken geriet; ich
dachte schon nicht mehr an die Frage, die mich beschäftigte, sondern
dachte daran, woran ich dachte. Ich fragte mich: woran denke ich?
Ich antwortete: ich denke daran, woran ich denke. Und jetzt worüber
denke ich? Ich denke, daß ich darüber denke, worüber ich denke usw.
Fast verlor ich den Verstand . . . . Und ˈdennoch schmeichelten die
philosophischen Entdeckungen, die ich machte, meiner Eigenliebe sehr:
ich bildete mir oft ein, ein großer Mann zu sein, der zum Wohl
der Menschheit neue Wahrheiten entdeckt, und sah auf die übrigen

---

1) Solipsismus.

Sterblichen im stolzen Bewußtsein meiner eigenen Würde herunter, aber sonderbar: wenn ich mit diesen Sterblichen in Zusammenstoß kam, so bangte mir vor jedem und je höher ich mich in meiner eigenen Meinung stellte, desto weniger war ich den anderen gegenüber imstande, nicht nur das Bewußtsein der eigenen Würde zu zeigen, sondern konnte mich sogar nicht gewöhnen, mich nicht jedes meiner einfachsten Worte oder Bewegungen zu schämen."

So sehen wir, daß Tolstoi selbst seinen Forschertrieb in Zusammenhang mit Sexualerlebnissen stellt. Das weitere Schicksal von Tolstois Forschertrieb lassen wir beiseite und kehren zu seinem Sexualleben zurück.

Im Alter von 19 Jahren gab Tolstoi sich selbst den folgenden Rat: „Betrachte die Gesellschaft der Frauen wie ein notwendiges Übel des gesellschaftlichen Lebens und halte dich von ihnen soviel als möglich fern."[1] Von der Wintersaison 1844/1845 erinnert Sagoskin: „Tolstoi war bei allen Bällen, Soireen und adeligen Gesellschaften anwesend, überall ein gerne gesehener Gast, der immer tanzte, dabei im Gegensatze zu seinen adeligen Mitstudenten alles andere, nur kein Frauenjäger. Eine seltsame Scheuheit und Schüchternheit zeichneten ihn stets aus."[2] Im Jahre 1851 „traf Tolstoi eine . . . . S. N. und entbrannte für sie in sentimentaler Liebe, die er, zufolge seiner gewohnten Schüchternheit, nicht zu bekennen wagte und mit sich fort nach dem Kaukasus nahm."[3] (Zärtliche Strömung). Im Kaukasus verliebte sich Tolstoi in ein einfaches Kosakenmädchen. Hier wiederholten sich fast dieselben Verhältnisse wie mit Mascha. (Gehemmte sinnliche Strömung).[4]

---

1) Birjukow, I, 150.
2) Birjukow, I, 127.
3) Birjukow, I, 173.
4) Siehe die Erzählung „Kosaken".

Gewiß hatte Tolstoi Verkehr mit gemeinen Frauen, aber seine Selbstbeschuldigungen in der „Beichte" über die Ausschweifungen seiner Jugendjahre sind jedenfalls übertrieben.

Über Tolstois Romane schreibt Birjukow: „In Tolstois Leben hatte bis dahin (1856) bereits die eine oder andere Liebesaffaire zu spielen begonnen, aber die hatten zu nichts geführt. Der ernsteste Fall war seine knabenhafte Liebe für Sonitschka Kaloschin. Auf diese folgte das Abenteuer mit S. N., während er noch an der Universität war: diese Liebe bestand jedoch nur in seiner eigenen Phantasie, da S. N. selbst kaum etwas davon wußte. Von dem Kosakenmädchen haben wir bereits gesprochen. Nach ihr kam eine Schwärmerei für Frau S., deren diese selbst sich wahrscheinlich kaum bewußt wurde; Tolstoi war stets schüchtern und zurückhaltend in solchen Dingen.

Seine Liebe für W. A. war ein mächtigeres und ernsteres Gefühl. Sie hatten einander ihre Empfindungen eingestanden und galten vor Verwandten und Bekannten als Brautleute."[1] W. A. war die Tochter eines benachbarten Gutsbesitzers. Im August begab sich das Fräulein mit ihrer Tante nach Moskau, um bei den Festlichkeiten aus Anlaß der Krönung Alexanders II. am 26. August 1856 anwesend zu sein. Die junge Dame vergnügte sich während dieser Festlichkeiten außerordentlich. Dieser Umstand war Tolstois erste Enttäuschung. Er schreibt ihr Briefe, in denen er ihr eine ernstere Lebensauffassung beizubringen sucht. Nach der Krönung kehrte die Dame nach ihrem Gut zurück, wo Tolstoi oft im Hause verkehrte. Die gegenseitige Neigung steigerte sich. Doch beschloß Tolstoi ihre Neigung der Prüfung von Zeit und Entfernung zu

---

1) Birjukow, I, 308.

unterwerfen, und ging für zwei Monate nach Petersburg. Von Moskau aus schrieb er einen Brief, in dem er eine Art Erziehung der jungen Dame versuchte, einen Brief, aus dem es klar hervorgeht, daß, was man Leidenschaft der Liebe nennt, zwischen ihnen nicht bestand. Während seines Aufenthaltes in Petersburg erfuhr Tolstoi aus glaubwürdiger Quelle, daß dieses „reizende Mädchen" ihrem Klavierlehrer, Mortier, gestattete, ihr Liebeserklärungen zu machen und daß sie sich tatsächlich in ihn verliebt hatte. Und all dies spielte sich während jener unglückseligen Krönungsfeierlichkeiten ab. Es ist wahr, daß sie ihr Bestes tat, dieses Gefühl zu töten, und sogar jeden Verkehr mit Mortier abbrach, doch war schon die Tatsache dieser jähen Liebesgeschichte ein fürchterlicher Schlag für Tolstoi. Noch einige Zeit dauerte ihr Briefwechsel und dann endeten ihre Beziehungen von selbst.[1]

Im Jahre 1862 verliebte sich Tolstoi in Sophia Andrejewna Behrs. Die beiden Familien Behrs und Tolstoi waren schon längst miteinander bekannt: die Güter der Großeltern lagen unweit voneinander. Tolstoi beschrieb seine Verliebtheit in „Anna Karenina" (Lewin-Tolstoi; Kitty-Sophia Andrejewna). Doch diese Verliebtheit war nicht besonders dauerhaft. Tatsächlich litt Tolstoi an Zweifeln vor der Heirat ebenso wie nach der Heirat. Einen Monat vor seinem Heiratsantrag schrieb er in sein Tagebuch: „Ich habe Angst vor mir selbst. Wie wenn es nur der Wunsch zu lieben und nicht Liebe ist? Ich versuche mir ihre Schwächen vorzuhalten, und dennoch liebe ich."[2] Das gegenseitige Verhältnis von Leo Tolstoi und Sophia Andrejewna werden wir

---

1) Birjukow, I, 10. Kapitel. „Ein Roman".
2) Birjukow, I, 486.

nicht in seiner historischen Wahrheit diskutieren. Es ist aber interessant, wie Tolstoi sein Verhältnis zum Eheleben schon in der nachkritischen Periode auffaßte. In der Erzählung „Der Teufel" ist Tolstois Seelenkonflikt mit derselben psychologischen Wahrheit (von äußeren Geschehnissen abgesehen) wie der Narzißmus in „Vater Sergius" abgebildet.

Auf dem transsubjektiven Libidoweg zeigte Tolstoi verdrängte Sinnlichkeit und intensive Zärtlichkeit zu seiner zweiten Mutter und zu einer Reihe von Muttersurrogaten. Aber außerhalb seiner Familie vermochte Tolstoi nie irgend eine Person mit Libido zu besetzen.

Tolstoi war ein großer Narziß mit starker Ambivalenz der Gefühle.

VI

DER SEELENKONFLIKT

(Das Sexual-Ich)

„*Das Liebesleben solcher
Menschen bleibt in die zwei
Richtungen gespalten, die von
der Kunst als himmlische und
irdische (oder tierische) Liebe
personifiziert werden. Wo sie
lieben, begehren sie nicht und
wo sie begehren, können sie
nicht lieben.*"

FREUD

„*Jedem wahren Künstler
geht es wie dem Bileam, der
verfluchte, was er segnen wollte,
und segnete, was er verfluchte,
— und beide Male das segnete
und verfluchte, was wirklich
Segen und Fluch verdiente.
Denn er tat nicht das, was er
wollte, sondern was er mußte.*"

TOLSTOI

„Gerade so wie mit Bileam, ist es auch mit Leo Tolstoi, dem Dichter: sein ganzes Leben hindurch fluchte er, wo er segnen, und segnete, wo er fluchen wollte. Er tat nicht das, was er wollte, sondern das, was er mußte. In dem, worin er seine Schande und seine Sünde sieht — liegt sein ewiger Ruhm und seine Rechtfertigung."[1] Der Moralist Tolstoi verflucht seine literarischen Werke, aber sein Fluch wirkt nicht, seine Erzählungen und Romane werden gelesen, entzücken die Leser und bringen ihnen nicht nur Genuß, sondern auch Nutzen. Der Moralist Tolstoi hält seine philosophischen und religiösen Werke für sehr wichtig, und trotzdem widersprechen sie seinem Künstlerschaffen. Der Vergleich des Künstlers Tolstois mit dem Moralisten Tolstoi kann nicht zweifelhaft ausfallen. Während der Erste groß,

---

1) M e r e s c h k o w s k i, L. c. S. 250.

originell, genial-scharfsinnig, feurig ist, ist der Zweite kalt, besser gesagt lauwarm und banal. Und nur soweit der Künstler in Tolstois moralischen Werken durchschimmert, sind diese Werke imstande, Einfluß auf die Leser auszuüben. Und im Gegensatz dazu: wo der Moralist sich tendenziös in das Tun des Künstlers mischt, befinden sich in den genialen Kunstwerken falsche Striche, die dem ganzen Werk widersprechen. Besonders deutlich wird der Gegensatz zwischen dem Künstler und dem Moralisten in der sexuellen Frage.

Nehmen wir eine Analyse der in der nachkritischen Periode (1889) geschriebenen Erzählung Tolstois „Der Teufel" vor.

Eugen Irtenjew, 26 Jahre alt, ist genötigt, wegen der Verwickeltheit der Geschäfte auf dem Gute, das er von seinem Vater geerbt hat, seinen Dienst in Petersburg aufzugeben und sich auf dem Lande niederzulassen. „Da wohnte er nun den zweiten Monat auf dem Lande und wußte gar nicht, was er tun sollte. Die gezwungene Abstinenz fing an, schlecht auf ihn zu wirken . . . . und da er überzeugt war, daß es ihm unbedingt nötig sei, so wurde es ihm wirklich nötig, und er begann zu fühlen, daß er nicht frei war und daß er gegen seinen Willen jede junge Frau mit den Augen begleitete."

[Und doch beweist die ganze Erzählung gerade das Gegenteil: Eugen unterliegt dem Triebe, ungeachtet aller Verstandesanstrengungen.]

Nach langem Zagen und Bedenken wendet sich Eugen an den Wächter Danila, der ihm die Bekanntschaft mit einem jungen Weibe, Stepanida, deren Mann in der Stadt wohnt, verschafft. Zum ersten Mal treffen sie sich im Walde. „Er näherte sich ihr und, sich umschauend, berührte er sie. Nach einer Viertelstunde gingen sie auseinander; er fand sein Pince-nez, besuchte im Vorbeigehen Danila, gab ihm auf seine Frage: Sind Sie zufrieden, mein Herr? einen Rubel und ging nach Hause. Er war zufrieden. Die Scham war nur anfangs, dann verging sie und alles war gut. Hauptsächlich war es gut, daß ihm jetzt leicht, ruhig und frisch zu Mute war. Dabei hatte er Stepanida nicht einmal

ordentlich angesehen. Er erinnerte sich nur, daß sie rein, frisch, nicht
häßlich und einfach, ohne Grimassen, war."

Wir haben hier ein klares Beispiel für die Selbstaktivität des Geschlechtstriebes und seine von den Reizen des
Objektes unabhängige Entstehung. Stepanida war für Eugen
nur ein „pot de chambre". Der Anfang seines Verhältnisses
zu Stepanida ist für ihn eine reine Aktion der genitalen
Sexualität. In seinen nachkritischen Werken stellt Tolstoi
das Sexualproblem eben in dieser vereinfachten Form dar,
in einer Art von „erotischem Materialismus", welcher
jede „Romantik der Liebe" ausschließt.[1] Es ist ein
künstlerisches Experiment. Sehen wir zu, welches Resultat
es zeitigte.

Eugens Mutter hat den Wunsch, ihren Sohn zu verheiraten. „Eugen
träumte selbst vom Heiraten, nur nicht so, wie seine Mutter: der Gedanke, aus der Heirat ein Mittel zur Verbesserung seiner finanziellen
Lage zu machen, war ihm abscheulich. Er wollte ehrlich eine Liebesheirat eingehen. Unterdessen dauerte, was er gar nicht erwartet
hatte, sein Verkehr mit Stepanida fort und bekam sogar den Charakter
von etwas Beständigem. Eugen lagen Ausschweifungen so fern, diese
heimliche und, wie er fühlte, schlechte Tat, fiel ihm so schwer, daß
er sich gar nicht darauf einrichtete und sogar nach dem ersten Rendez-vous
hoffte, Stepanida gar nicht mehr zu sehen, aber es geschah, daß nach
einiger Zeit ihn wieder die Unruhe packte, welche er ‚diesem'[2] zu-
schrieb. Und die Unruhe war diesmal nicht mehr unpersönlich; denn
vor seiner Vorstellung standen eben ihre schwarzen, glänzenden Augen,
ihre tiefe Stimme . . . . ihr Geruch nach etwas Frischem und Kräftigem,
ihre hohe Brust, die das Hemd hob, und alles dies in demselben Nuß-
baum- und Ahorndickicht, das von hellem Licht überflutet war . . . .
Wie sehr es ihn auch beschämte, wandte er sich doch wieder an Danila.
Und wieder wurde ein Rendez-vous um Mittag im Walde bestimmt.

---

1) Bulgakow. L. c.

2) Für Eugen war der Verkehr mit Stepanida gewissermaßen „tabu",
deshalb enthielt er sich, das Sexuelle mit vollem Namen zu nennen.

Dieses Mal sah Eugen sie näher an, und alles an ihr schien ihm anziehend. Aber er bestimmte ihr doch selbst kein Rendez-vous . . . . Er
hoffte, dieses Rendez-vous würde das letzte sein. Sie gefiel ihm. Er
dachte, daß ihm solch ein Verkehr nötig war, und daß dabei nichts
Schlechtes wäre; aber in seiner Seelentiefe hatte er einen strengeren
Richter, der es nicht gut hieß. So hoffte er, es sei zum letzten Mal,
oder wenn er es auch nicht hoffte, so wollte er wenigstens nicht selbst
an dieser Tat teilnehmen und sie sich fürs nächste Mal vorbereiten."

Eugen hat drei Strebungen: 1. Er strebt danach, eine
Liebesheirat zu schließen; 2. er strebt nach dem Verkehr
mit Stepanida; 3. er strebt danach, diesen Verkehr abzubrechen. Wie kann man solchen Widerspruch der Strebungen,
den Seelenkonflikt in einer Persönlichkeit, verstehen? Die
einzige Antwort kann nur lauten, daß die menschliche
Persönlichkeit etwas Kompliziertes ist und daß man das Ich
des Individuums nicht mit der Persönlichkeit im Ganzen
identifizieren darf, wie im 1. Kapitel ausgeführt wurde. Jede
Strebung, wie jede psychische Erscheinung überhaupt, gehört
jemandem, einem Subjekt, einem „Ich" an. Aber ein und
dasselbe Subjekt kann nicht widersprechende Ziele verfolgen.
Folglich bleibt uns nur die Annahme übrig, daß die Persönlichkeit des Menschen eine organische Einheit von
vielen Ichs darstellt. Das eine Ich Eugens — das Ich im
engeren Sinne des Wortes, welches wir das Individual-
Ich genannt haben — strebt nach der Liebesheirat. Das
andere Ich — das sexuelle Ich, oder das Sub-Ich — strebt
nach Stepanida. Das dritte Ich — das sittliche Ich oder
das Supra-Ich — strebt danach, den Verkehr mit Stepanida
abzubrechen. Das Individual-Ich Eugens denkt, „daß ihm
solch ein Verkehr nötig und daß dabei nichts Schlechtes
wäre", aber in seiner Seelentiefe verurteilt ein strengerer
Richter — das Supra-Ich — den Verkehr mit Stepanida.

Dessen ungeachtet bringt das Sub-Ich Eugen zum Verkehr mit Stepanida. Aber das Wiedersehen kommt nicht durch die Tätigkeit sämtlicher Kräfte des Individuums zustande, sondern ausschließlich durch die Aktivität des Sub-Ichs (des Sexual-Ichs).

„Im Herbst fuhr Eugen oft in die Stadt und befreundete sich dort mit der Familie Annenski. Die Annenskis hatten eine Tochter, die eben das Institut verlassen hatte. Und hier geschah es zum größten Bedauern von Eugens Mutter, daß er sich, wie sie sagte, zu niedrig einschätzte, sich in Lisa Annenski verliebte und ihr einen Heiratsantrag machte. Von da an hört das Verhältnis mit Stepanida auf . . . . Warum Eugen Lisa wählte, kann man nicht erklären, wie man überhaupt niemals erklären kann, warum ein Mann eben diese und keine andere Frau wählt. Der Gründe waren eine Menge — positive, wie auch negative . . . . Die Hauptsache war aber, daß die Annäherung in einer Zeit begann, zu der Eugen zur Heirat reif war. Er verliebte sich, weil er wußte, daß er heiraten würde. Anfangs gefiel Lisa Eugen nur, aber als er bestimmte, daß sie seine Frau sein würde, empfand er für sie ein viel stärkeres Gefühl. Er fühlte, daß er verliebt war . . . . Ihre Verliebtheit gab ihren Augen einen besonderen Ausdruck, welcher Eugen so stark fesselte."

Eugens Heirat war rationell begründet: das war das Werk seines Individual-Ichs, die sexuellen Strebungen folgten nur nach und das Supra-Ich willigte ein. Lisa, die seit ihrem Institutsleben zur Verliebtheit neigte, verliebt sich in Eugen und ihr Verhältnis zu ihm ist ein vollwertiges, d. h. sinnliches und zärtliches. — Sie heiraten.

„Je mehr er sie kannte, desto mehr liebte er sie. Er hatte gar nicht erwartet, so eine Liebe zu treffen und diese Liebe vergrößerte noch sein Gefühl."

[Liebe zur Liebe, Narzißmus.]

„Die Rührungen und Entzückungen des Verliebten gelangen ihm schlecht, obgleich er sich sehr bemühte, sie zu empfinden; aber es gelang etwas ganz anderes, nämlich daß das Leben nicht nur fröhlicher und angenehmer, sondern leichter wurde. Er wußte nicht, woher es kam,

aber es war so. Der Grund war wohl, daß für sie gleich nach der Ver-
lobung feststand, daß niemand auf der Welt sich mit Eugen Irtenjew
vergleichen könne, daß er höher, klüger, reiner, edler als alle wäre,
und daß es darum aller Menschen Pflicht sei, diesem Irtenjew zu dienen
und ihm Angenehmes zu erweisen; da man aber nicht alle zwingen
könne, es zu tun, so solle man es nach Kräften selbst vollziehen. So
tat sie auch; alle ihre Seelenkräfte waren darauf gerichtet zu erfahren,
zu erraten, was er liebte und es dann zu vollbringen, einerlei was und
wie schwer es auch sei. Sie besaß dasjenige, was den Hauptreiz des
Verkehrs mit einer liebenden Frau ausmacht, sie besaß dank der Liebe
zu ihrem Manne ein Hellsehen für seine Seele. Sie ahnte, so schien
ihm oft, besser als er selbst jeden Zustand seiner Seele, jede Nuance
seines Gefühls und handelte demgemäß; so verletzte sie nie seine Gefühle,
mäßigte immer seine trüben Stimmungen und verstärkte die freudigen.
Aber sie verstand nicht nur seine Gefühle, sondern auch seine Gedanken.
Dinge, die ihr am fremdesten gewesen waren, in der Landwirtschaft, in
der Zuckerfabrik, beim Urteilen über Menschen, verstand sie plötzlich
und konnte ihm nicht nur eine Mitsprechende, sondern oft, wie er ihr
selbst sagte, eine nützliche, unersetzliche Ratgeberin sein. Alles auf der
Welt sah sie nur mit seinen Augen. Sie liebte ihre Mutter, aber als sie
sah, daß die Einmischung der Schwiegermutter Eugen unangenehm war,
stellte sie sich sogleich auf die Seite ihres Mannes und zwar mit solcher
Entschlossenheit, daß er sie bezähmen mußte."

An Lisa haben wir ein Beispiel von echter Verliebtheit, während Eugen die narzißtische Position behält. Eugen
war die Form und Lisa — die Materie.

„Das Einzige, das ihr Glück zwar nicht vergiftete, aber bedrohte,
war ihre Eifersucht; eine Eifersucht, die sie zurückhielt, nicht zeigte,
aber an der sie oft litt." Aber Lisa hat gar keine äußeren Gründe für
ihre Eifersucht, bis das folgende geschieht: sie sind das zweite Jahr verheiratet; Lisa ist im fünften Monat ihrer zweiten Schwangerschaft. (Die
erste endigte aus traumatischen Gründen in einen Abortus). An dem
Tag vor Pfingsten ist auf dem Gutshause große Reinigung; unter den
Frauen, die daran Teil nehmen, befindet sich auch Stepanida. Seit seiner
Heirat hat Eugen Stepanida gänzlich ‚vergessen‘, hier trifft er sie.

„Mit den Augen lächelnd schaute sie ihn lustig an und ihren Rock
zurückziehend, ging sie zur Tür hinaus. ‚Was ist das für ein Unsinn? . . . .
Was ist das? . . . . Es kann nicht sein‘, sagte sich Eugen, sich verfinsternd und den Eindruck wie eine lästige Fliege abwehrend,
unzufrieden damit, daß er sie bemerkt hatte und konnte dabei seine
Augen nicht von ihr wenden, von ihrem Körper, der sich beim kräftigen,
behenden Gang ihrer nackten Füße wiegte, von ihren Armen, Schultern,
den schönen Falten ihres Hemdes und ihres roten Rocks, den sie hoch
über ihre weißen Waden aufgeschürzt hatte . . . . Er kehrte in sein
Zimmer zurück, aber kaum hatte er fünf Schritte getan, als er, selbst
unwissend wie und auf wessen Befehl, sich wieder umwandte, um
sie noch einmal zu sehen . . . . Als er in sein Zimmer trat, verließ es
eine alte Frau, eine andere Taglöhnerin. ‚Diese ist hinausgegangen und
jetzt kommt die andere, Stepanida, alleine herein,‘ begann plötzlich
jemand in ihm zu überlegen.“

Eugen ging auf die Terrasse.

„Mein Gott! Wenn sie, die mich für so ehrlich, rein und unschuldig hält, wenn sie wüßte! dachte er. Lisa empfing ihn, wie immer,
mit einem leuchtenden Gesicht. Aber heute erschien sie ihm besonders
blaß, gelb, lang und mager.“

Eugen beginnt einen Kampf mit seiner Leidenschaft
zu Stepanida. Diesen Kampf zu verfolgen, wäre sehr interessant,
besonders vom psychotherapeutischen Standpunkt aus, aber
das würde uns zu sehr von unserem Thema ablenken. Ebenso
wollen wir nicht analysieren, warum dieser Kampf für
Eugen unglücklich ausfällt, und was für einen Gedanken
Tolstoi in dieser Erzählung ausdrücken wollte. Wir wollen
nur jene Seite dieser Erzählung betrachten, die das Sexual-
beziehungsweise das Eheleben Tolstois charakterisiert.

Der neu erwachte sexuelle (sinnliche) Trieb zu Stepanida
ist Eugen so fremd, daß er ihn wie eine lästige Fliege ab-
wehrt und Eugens Ich die Überlegungen über. Stepanida
(„jetzt kommt die andere, Stepanida, ... begann plötzlich

jemand in ihm zu überlegen") nicht einmal als ihm
angehörend erkennt.

„Aber die Hauptsache war, daß er fühlte, daß er besiegt war,
daß er keinen eigenen Willen hatte und es eine fremde Kraft war, die
ihn trieb; daß er sich heute nur durch glücklichen Zufall gerettet hatte,
aber wenn nicht heute, so doch morgen oder übermorgen zu Grunde
gehen würde. ‚Aber ich soll doch etwas tun. Nicht an sie denken', be-
fahl er sich. ‚Nicht denken', und sogleich begann er zu denken und
sah sie vor sich und sah den Schatten der Ahornbäume."

Das Sexual-Ich beginnt die Oberhand zu gewinnen,
wird die Form, welche das Individual-Ich und das Supra-
Ich Eugens zu organisieren beginnt.

„Er konnte nicht zu Hause sitzen, sondern wo er auch war, auf
dem Felde, im Walde, im Garten, auf der Dreschtenne, — überall ver-
folgte ihn nicht nur der Gedanke, sondern auch Stepanidas lebendiges
Bild, so daß er sie nur selten vergessen konnte. Das war nicht das
Ärgste; vielleicht hätte er dieses Gefühl zu überwinden verstanden, ärger
war, daß er, der früher ganze Monate gelebt hatte, ohne sie zu sehen,
sie jetzt fortwährend sah und traf. Sie verstand augenscheinlich, daß er
sein Verhältnis mit ihr aufs neue anknüpfen wollte, und bemühte sich,
ihm zu begegnen. Weder von ihm noch von ihr war etwas gesagt
worden; aber wenn er und sie auch nicht gerade zu einem Rendez-vous
gingen, so bemühten sie sich doch zusammenzukommen."

Das heißt, daß Eugens Individual-Ich diese Rendez-vous
nicht wollte, aber das Sexual-Ich nach ihnen strebte.

„Er fühlte, daß er die Macht über sich verlor, fast verrückt wurde.
Seine Strenge gegen sich selbst verringerte sich nicht um ein Haar;
im Gegenteil, er sah die ganze Abscheulichkeit seiner Wünsche, sogar
seiner Handlungen, denn sein Spazieren im Walde war eine Handlung.
Er wußte, sollte er ihr nur irgendwo im Dunkel begegnen, würde er
sie, wenn möglich, berühren, wenigstens wenn er seinem Gefühl nach-
geben sollte. Er wußte, daß nur die Scham vor den Leuten, vor ihr,
wahrscheinlich vor sich selbst, ihn abhielt."

[Kein einziges Wort von Lisa also!]

„Und er wußte, daß er Möglichkeiten aufsuchte, diese Scham zu
umgehen, die Dunkelheit oder eine Berührung, bei der diese Scham von
tierischer Leidenschaft erstickt würde . . . .“

„In solch einem halbverrückten Zustande befand sich Eugen, als,
wie es oft geschieht, nach den Junigewittern die Juliplatzregen aus-
brachen. Eugen saß zu Hause mit seiner Frau, die heute **besonders
langweilig** war . . . . Ja, ich soll ausgehen, die Reibeisen besehen,
man hat sie gestern gebracht, — sagte er. Er stand auf und ging . . . .
Aber kaum hatte er zwanzig Schritte gemacht, als sie ihm begegnete,
mit ihrem hoch über die weißen Waden gezogenen Rocke . . . . Was
willst du? fragte er sie, sie im ersten Augenblick nicht erkennend. Als
er sie erkannte, war es schon zu spät. Sie blieb stehen und sah ihn
lächelnd lange an. — Ich suche mein Kalb. Wohin gehen Sie denn ins
Ungewitter? sagte sie, als ob sie ihn jeden Tag gesehen hätte. — Komm
in die Hütte, sagte er, plötzlich selbst nicht wissend wie, **als ob jemand
anderer aus ihm diese Worte spräche.“**

Eugen erkennt im ersten Augenblick Stepanida nicht,
obgleich er gerade zu ihr geht. Er geht aber vom Sexual-
Ich getrieben, was ihm in diesem Augenblick nicht ganz
bewußt ist. Sein Ich maskiert diese Sexualbetätigungen und
spielt ihm vor, er ginge die Reibeisen besehen. Darum eben
erkennt Eugen Stepanida nicht augenblicklich und fragt sie
ratlos: was willst du? Stepanida aber, die keinen solchen
Seelenzwiespalt hat, antwortet ihm so, als ob sie ihn jeden
Tag gesehen hätte.

Das Rendez-vous in der Hütte findet nicht statt, weil Eugens Frau
ihm einen Dienstboten nachschickt, um ihn zu erinnern, daß er ver-
sprochen hat, einer kranken Frau mittags eine Arznei zu bringen. Eugens
Frau, Lisa, ist eifersüchtig und diese Eifersucht gibt ihr den Antrieb, in
diesem Falle nach ihrem Manne zu schicken.

In seinen Leiden bittet Eugen sogar seinen Onkel, den er gar
nicht achtet, um Hilfe: „Retten Sie mich vor mir selbst!“

Eugen reist mit seiner Frau in die Krim ab, ohne daß er ein
einziges Mal nach jenem Regentage Stepanida wiedergesehen hätte. In

der Krim bringen sie zwei Monate sehr angenehm zu und kehren dann
auf ihr Gut zurück.

„An die Leiden der Verführung und des Kampfes hatte er sogar
zu denken vergessen und konnte sie nur mit Schwierigkeit in seiner
Vorstellung reproduzieren. Es stellte sich ihm wie ein Wahnsinnsanfall
vor, den er durchgemacht hatte. Er fühlte sich von ‚dem‘ bis zu einem
solchen Grade frei, daß er sich nicht fürchtete, den Verwalter bei der
ersten Gelegenheit nach Stepanida zu fragen.“

Dieses Fragen ist schon ein Durchbruch der Verdrängung.

Eugen begegnet Stepanida, „er schaute sie an, erkannte sie und fühlte
mit Freude, daß er ganz ruhig blieb.“ Später trifft er Stepanida noch einmal,
wie sie Stroh trägt. „Ein paarmal schielte er nach ihr hinüber, und fühlte
wieder etwas, konnte sich aber keine Rechenschaft geben. Erst am
anderen Tage als er wieder auf die Dreschtenne der Meierei fuhr und dort
zwei Stunden blieb, was gar nicht nötig war, mit den Augen unaufhörlich
die bekannte schöne Erscheinung der jungen Frau liebkosend, fühlte er,
daß er verloren war, ganz rücksichtslos verloren . . . .“

Tolstoi hat zwei Varianten vom Ende der Erzählung hinterlassen:
nach der einen tötet Eugen sich selbst, nach der anderen tötet er Stepanida.

Wollen wir jetzt die Verhältnisse zwischen Eugen und
Stepanida einerseits und Eugen und Lisa andererseits analysieren, so müssen wir sagen:

Infolge der übergroßen Scham und des Widerstandes
von Eugens Supra-Ich und teilweise auch seinem Individual-
Ich beginnt sein Roman mit Stepanida sozusagen vom Ende,
vom Genitalakte. Aber bald kommt die gesetzmäßige Entwicklung: die Vorlusterlebnisse fangen an zu erscheinen,
aber noch vor ihrer ganzen Entwicklung bricht der Roman
ab. Die Tatsache, daß dieser Roman aufhört, ohne seinen
Entwicklungszyklus durchzumachen, gibt die Möglichkeit zu
seiner Wiederaufnahme. Und doch ist es zweifellos, daß
seine Entwicklung nie eine vollwertige werden konnte, weil
die Zärtlichkeit kaum imstande wäre sich zu entwickeln.

Das Objekt ist unpassend dazu. Eben darum bricht dieser
Roman ab und es kann ein neuer Roman mit Lisa an-
fangen. Die Begegnung mit Lisa erlaubt Eugens Individual-
Ich, Aktivität zu offenbaren und das Sub-Ich zu besiegen.
Eugens Heirat mit Lisa, wenn auch nicht aus materiellen
Rücksichten geschlossen, ist doch keine Liebesheirat. Lisa
verliebt sich in Eugen und diese Verliebtheit zieht ihn zu
ihr hin, weil er selbst in sich verliebt und stark narzißtisch
ist. Lisas Verliebtheit findet bei ihm volles Entgegenkommen,
in Lisa findet er einen Genossen für seine Selbstbewunderung.
Außerdem ist seine Heirat mit Lisa auch eine ehrgeizige.
Eugens Ehrgeiz besteht nicht darin, eine reiche Frau zu
heiraten, wie seine Mutter wollte, sondern gerade darin, mit
Hintansetzung aller materiellen Rücksichten ein junges
Mädchen aus seinem Stande zu wählen, damit alle mit ihm
gemeinsam bewundern könnten, was für ein musterhafter
junger Mann er sei. Eugens Selbstverliebtheit zwingt ihn,
seinen Verkehr mit Stepanida aufzugeben, weil er in seinem
Verhältnis mit ihr nicht genug Anlaß zur Selbstbewunderung
findet. Eugens Ehe ist glücklich, aber die echte Sexualität
(irdische, sinnliche Liebe) fehlt ihr. „Die Rührungen und
Entzückungen des Verliebten gelangen ihm schlecht, — obgleich er sich sehr bemühte, sie zu empfinden." — Lisa gehört
die Zärtlichkeit, aber keine Sinnlichkeit.[1]

---

1) Tolstois Drama „Der lebende Leichnam" ist dem Leben entnommen
und gibt ein wahres Geschehnis wieder. Trotzdem hat Tolstoi seinem Helden
viele von seinen eigenen Charakterzügen verliehen. In diesem Drama finden
wir wieder das Nichtzusammentreffen der sinnlichen und zärtlichen Strömungen,
ebenso wie den Narzißmus. Die Zärtlichkeit gehört der Frau und die Sinnlichkeit der Zigeunerin. Der Held des Dramas äußert sich über sein Familienleben folgendermaßen: „Das Familienleben? Ja. Meine Frau war eine ideale
Frau! Sie lebt auch jetzt. Doch, was soll ich dir sagen? Es fehlte die
Rosine. Weißt du, was in dem Quaß die Rosine bedeutet? (Die Rosine im
Quaß ist ein Gärmittel). Es gab kein moussierendes Spiel in unserem Leben."

Die neue Begegnung mit Stepanida zwingt das Sub-Ich sich zu erheben.

Eugen spricht vor seinem Selbstmord mit sich selbst in folgender Weise:

„Ja, zwei Lebensweisen sind für mich möglich: die eine, die, welche ich mit Lisa angefangen habe. Der Dienst, die Wirtschaft, das Kind, die Achtung der Menschen. Wenn diese Lebensweise . . . . Dann soll es sein, daß sie, Stepanida, nicht existiert. Man soll sie wegschicken, wie ich sagte, oder sie vernichten, damit sie nicht sei. "

Es ist klar, daß Lisa als Persönlichkeit, als Individuum, keine Rolle in diesem Lebensbilde spielt, sie ist nur ein Mittel zur Realisierung von Eugens egoistischen Plänen. Dieses Lebensbild ist der **Wunschtraum von Eugens Individual-Ich.**

„Und die andere Lebensweise ist auch hier. Sie (Stepanida) von ihrem Manne fortnehmen, ihm Geld geben, Scham und Schande vergessen und mit ihr leben. Aber dann soll es sein, daß Lisa und Mimi (das Kind) nicht seien. Nein, was denn, das Kind stört nicht, aber daß Lisa nicht sei, daß sie fortfahre. Daß sie erfahre, — verfluche und wegfahre. "

Das ist der **Wunschtraum des Sexual-Ichs.**

Aber hier hebt gleich der Narziß sein Haupt:

„Daß sie erfahre, daß ich sie für ein Frauenzimmer vertauscht habe, daß ich ein Betrüger, ein Niederträchtiger bin, — nein, das ist zu schrecklich! Das darf nicht sein. "

Wieder kein Wort von Lisa, von ihren wahrscheinlichen Leiden. Nur das eine tut ihm leid, daß er ihre Anbetung verlieren werde.

Nun kommt der Kompromiß: „Ja, aber es kann auch so werden, setzte er zu denken fort, — es kann so werden: Lisa wird erkranken und sterben. Sie wird sterben, und alles wird schön sein. Schön?! Oh, Niederträchtiger! Nein, wenn schon jemand sterben soll, so muß sie es . . . . Wenn sie stürbe, Stepanida, wie gut wäre es . . . . Ja, nur zwei Ausgänge, meine Frau zu töten oder sie. Denn so weiter zu leben, ist unmöglich. Unmöglich! Man muß nachdenken und vorsehen. Wenn

es so bleibt wie es ist, was wird daraus? Es wird wieder, daß ich
mir sagen werde, daß ich nicht will, daß ich abbreche, aber ich sage
es nur und werde abends auf den Hinterhöfen sein, — und sie weiß
es und sie wird kommen. Und entweder erfahren es die Leute und
sagen es meiner Frau, oder ich sage es ihr selbst, weil ich doch nicht
lügen kann, ich kann nicht so leben."

Zum ersten Mal hören wir hier die Stimme des Supra-Ichs
Eugens. Sein Sub-Ich wünschte so ein Leben und sein Individual-
Ich willigte ein, aber das Supra-Ich verbot es. Dieses Verbot ist
ein „mir gegebener" Zustand: „Ich kann doch nicht lügen,
ich kann nicht so leben, — obgleich ich es wünsche."

Jetzt kommt wieder der Narziß an die Reihe:

„Ich kann nicht. Alle werden es erfahren, auch Parascha und der
Schmied." Parascha und der Schmied sind keine Persönlichkeiten aus
der Erzählung, es sind die ersten besten, die die Dorfbewohner repräsentieren . . . . „Nur zwei Ausgänge: meine Frau töten, oder sie . . . . Ach,
ja, es gibt einen dritten: sich selbst, — sagte er mit leiser Stimme."

Mord und Selbstmord sind Akte. Zum Vollbringen eines
Aktes genügt ein negatives Ziel nicht, es muß unbedingt
ein positives geben.

Die Ermordung der Gemahlin ist ein Lustakt des Sub-
Ichs. Die Ermordung Stepanidas — ein Lustakt des Narzißmus. Der Selbstmord ist ein Lustakt des Ideal-Ichs, das mit
Libido besetzt ist. Die Selbstverliebtheit Eugens verwandelt
sich unter dem Einfluß des Ideal-Ichs in Selbstabscheu.
Eugens Libido besetzt mit ihrer Energie das Ideal-Ich und
das aktuelle Ich ruft den Haß gegen sich hervor.

Rekapitulieren wir noch einmal die einzelnen Momente
in Eugens Seelenkonflikt. 1.) Eugen hat hohe Ideale in
Betreff des Familienlebens. „Für mich ist mein zukünftiges
Familienleben ein Heiligtum, das ich in keinem Falle ver-
letzen werde." Diese Ideale fordern ein bestimmtes Benehmen.

Die Vorstellung von diesem Benehmen ist die Vorstellung vom Ideal-Ich. Dieses Ideal-Ich wird mit Libido besetzt und dank dieser Libidobesetzung kann das Ideal-Ich wirksam sein. Das Vorhandensein des Ideal-Ichs schließt selbstverständlich die Anwesenheit des wirklichen Ichs nicht aus. Manchmal entspricht das wirkliche Ich den Idealforderungen, manchmal nicht. In diesem letzten Falle entsteht eben ein Seelenkonflikt, Konflikt zwischen dem Ideal-Ich und dem wirklichen Ich, Konflikt auf narzißtischem Boden. 2.) Dieser narzißtische Konflikt wird noch durch die sinnliche Neigung zu Stepanida und die narzißtisch-zärtliche Neigung zu Lisa verstärkt und verschärft, — es entsteht ein Konflikt auf heteroerotischem Boden, welcher auf Grund des narzißtischen Konflikts entstanden ist. Betrachten wir die Entwicklung des heteroerotischen Konfliktes. Im Verhältnis zu Lisa gab es sehr wenig Sinnliches, nur „Liebe zur Liebe" und Zärtlichkeit. Aber auch die Zärtlichkeit tritt bald zurück. Der Konflikt nimmt den Charakter eines Konfliktes zwischen Sinnlichkeit (Stepanida) und Narzißmus (Lisa) an. 3.) Dieser Konflikt könnte beseitigt werden, wenn Eugen zu lügen imstande wäre. Da er es nicht ist, bleibt der Konflikt ungelöst. Das Individual-Ich ist nicht imstande, den drei Strebungen (der Strebung nach sinnlichen Genüssen mit Stepanida, der Strebung nach Selbstbewunderung, der Strebung nach Wahrhaftigkeit) eine einheitliche Form zu geben. Folglich ist der Grundkern von Eugens Seelenkonflikt der narzißtische Konflikt: die Unmöglichkeit, hohe Ideale mit ausgeprägter Sinnlichkeit zu vereinigen.

Im „Teufel" ist die Sinnlichkeit in klarem Licht geschildert. Eugen kämpft mit ihr, sieht aber seinen Feind oder, genauer gesagt, den Feind seines Ideal-Ichs in seiner

ganzen Kraft und sogar in der Gesetzmäßigkeit seiner Existenz.
Um die Erforschung von Tolstois psychosexueller Konstitution
weiter durchzuführen, ist es ferner notwendig, sich mit der
„Kreutzer-Sonate" zu beschäftigen,[1] die Tolstoi in demselben
Jahre (1889) schrieb.

Der Held der Geschichte, Posdnyschew, erzählt eine erlebte „Episode"
— den Mord seiner Frau. Posdnyschew verneint die Möglichkeit einer
idealen Liebe. „Im Leben dauert diese Vorliebe des einen für den
andern manchmal, aber sehr selten jahrelang, öfters dauert sie nur
Monate oder sogar nur Wochen, Tage oder Stunden, sagte er, augenscheinlich wissend, daß er alle durch seine Meinung erstaunte und damit
sehr zufrieden." (Narzißtische Bewunderung.) „Seelenverwandtschaft! Einheit der Ideale! wiederholte er . . . . aber warum schläft man in diesem
Falle zusammen? (Verzeihen Sie die Grobheit!) Sonst legen sich die Leute
infolge der Idealeinheit zusammen schlafen, sagte er und lachte nervös . . . .
Bei uns heiraten die Leute, indem sie in der Ehe nichts als den Koitus
sehen und es entsteht entweder Betrug oder Gewalt . . . . Mann und
Frau täuschen den Menschen nur vor, daß sie monogam sind, aber in
Wirklichkeit leben sie in Polygamie. Das ist schlimm, aber es geht
noch; aber wenn, wie am häufigsten geschieht, Mann und Frau die
äußere Verpflichtung auf sich genommen haben, das ganze Leben miteinander zu verbringen, — wenn sie dann schon nach dem zweiten
Monat einander hassen, sich scheiden wollen und doch zusammen bleiben,
dann wird es zu dieser schrecklichen Hölle, in der man zum Trunkenbold wird, sich erschießt oder einander vergiftet."

Indem Posdnyschew den gegenwärtigen Zustand des
Ehelebens so charakterisiert, behauptet er, daß alle Ehen ein
einziges Ziel, den Koitus, verfolgen, jede Idealisierung sei
Heuchelei. In Wirklichkeit aber finden Sinnlichkeit und
Idealisierung ihren ganz natürlichen Platz im Zusammen-
hange des vollständigen Ablaufs eines Liebesromans.

---

[1] Die Kreutzer-Sonate. Berlin. Verlag „Mysl." 1921. (Russ.) Deutsch:
Die Kreutzer-Sonate. Übersetzt von E. A. Hauff. Berlin. Verlag von Otto Janke.
17. Auflage.

Ja, noch mehr. Die Idealisierung ist ja ein gesetz-
mäßiges Sexualphänomen — die Sexualüberschätzung.
Die Frage ist nur, wie oft ein Roman vollwertig abläuft.
Jedenfalls ist die echte Monogamie möglich und trägt keine
inneren Widersprüche in sich.

Posdnyschew geht zu seiner Erzählung über.

„Bis zu meiner Heirat lebte ich, wie alle leben, d. h. liederlich,
und war überzeugt, daß ich so lebe, wie es nötig ist. Ich war kein
Verführer, hatte keine unnatürliche Liebhaberei, machte nicht daraus
das Hauptziel meines Lebens, wie es viele von meinen Altersgenossen
taten, sondern überließ mich der Ausschweifung anständig, um der Gesundheit willen. Ich vermied solche Frauen, die mich durch die Geburt
eines Kindes oder durch ihre Anhänglichkeit an mich fesseln könnten . . . .
Aber darin ist ja der Hauptschmutz, rief er. — Die Sittenlosigkeit
besteht ja nicht in etwas Physischem, keine physische Ausschweifung ist eine Unsittlichkeit, sondern die Unsittlichkeit, die
echte Unsittlichkeit liegt eben in der Selbstbefreiung von den sittlichen
Beziehungen zu der Frau, mit der man in physischen Verkehr tritt.“

Jeder Verkehr mit einer Frau müßte also eine vollwertige Liebes-
beziehung sein. Inwiefern das erfüllbar ist, ist eine andere Frage.

Posdnyschew erzählt ferner die gewöhnliche Geschichte seines ersten
Koitus: ein Kamerad verlockt ihn, in ein Toleranzhaus mitzufahren. „Es
geschah das Schreckliche, daß ich nicht darum fiel, weil ich der natürlichen Verführung durch den Reiz einer bestimmten Frau unterlag . . . .“

Bis jetzt ist alles konsequent; im vollwertigen Liebesroman darf
die Sinnlichkeit vorhanden sein, aber sie muß frei entstehen und nicht
von Kameraden, Wein usw. hervorgerufen werden.

„Ich entsinne mich, daß mir sogleich, noch dort, ehe ich das
Zimmer verlassen hatte, traurig zu Mute wurde, so traurig, daß ich
weinen wollte. Über meine verlorene Unschuld, über das auf ewig
verdorbene Verhältnis zur Frau wollte ich weinen. Ja, das natürliche,
einfache Verhältnis zur Frau war auf ewig verdorben; ein reines Verhältnis zur Frau hatte ich von damals angefangen nie mehr und
konnte es nicht haben. Ich war das geworden, was man einen Wüstling
nennt.“

Vorläufig kommen wir zu folgendem Schlusse: ein unpersönliches Verhältnis zur Frau macht den Menschen zum Wüstling, d. h. es drängt aus allen manigfaltigen Beziehungen zu sehr die Sinnlichkeit auf Kosten der Zärtlichkeit hervor. Später ergibt sich, daß im Vergleich mit anderen Kameraden Posdnyschew kein Wüstling im vollen Sinne dieses Wortes war.

„So lebte ich bis zu 30 Jahren, keinen Augenblick verließ mich die Absicht, zu heiraten und mir das höchste, reine Familienleben einzurichten, und darum suchte ich ein zu diesem Ziel passendes Mädchen."

Hier ist schon eine erste Inkonsequenz: die Auswahl des Mädchens zur Ehe wird rationalistisch begründet, obgleich man aus den früheren Worten Posdnyschews den Schluß ziehen könnte, daß diese Wahl einer „zufälligen" Wirkung des Mädchens auf die Sinnlichkeit überlassen werden soll.

„Endlich fand ich ein Mädchen, das ich meiner würdig schätzte . . . . Eines Abends saß ich neben ihr und bewunderte ihre schlanke Gestalt im enganliegenden Jersey, ihre Locken, und entschied plötzlich, sie sei es . . . . Nach einem in ihrer Nähe zugebrachten Tag sehnte ich mich nach noch größerer Annäherung."

Von diesem Augenblicke an basiert Posdnyschews Erzählung auf der Überzeugung, daß die Wahl seiner Braut auf Grund der Sinnlichkeit geschehen sei. Wie wir uns überzeugen konnten, spielten aber bei dieser Wahl auch rationalistische Rücksichten mit.

Mit der ganzen Kraft der Tolstoischen Sprache wendet sich Posdnyschew gegen die Mütter und Mädchen, welche Bräutigame fangen. Er vergleicht diese Tätigkeit mit Aufstellen von Fallen, in denen die Verführungen, die die Sinnlichkeit der Männer erregen, als Lockung dienen:

„Die Frauen wissen sehr gut, daß die allerhöchste, die poetische Liebe, wie wir sie nennen, nicht von inneren Vorzügen abhängt sondern von der physischen Annäherung und dabei von der Frisur, von der Farbe, dem Schnitt des Kleides . . . . Die Kokette hat es in ihrem klaren Bewußtsein, jedes unschuldige Mädchen weiß es unbewußt, wie es die Tiere wissen. Davon kommen diese Jersey, diese Tournüren, diese nackten Schultern, Arme, fast die Brüste . . . . ˙ Lauter Toleranzhäuser . . . . Sie sagen, daß die Frauen in unserer Gesellschaft andere Interessen haben als die Mädchen in den Toleranzhäusern, ich aber sage — nein, und werde es beweisen. Wenn die Menschen verschiedene Lebensziele verfolgen und ein anderes inneres Leben führen, so muß sich dieser Unterschied jedenfalls auch im Äußeren ausdrücken, auch ihr Äußeres muß verschieden sein. Nun aber sehen Sie jene unglücklichen Verlorenen an und dann die Weltdamen der höchsten Stände. Es sind dieselben Gewohnheiten und Gebärden, dieselben Parfums, dieselbe Entblößung der Arme, der Schultern, der Busen, dieselben glatt anschließenden Kleider, die das Hinterteil hervortreten lassen, dieselbe Leidenschaft für Edelsteine, für glänzende Schmucksachen, dieselbe Gier nach Unterhaltung, Tanz, Musik und Gesang. Die einen wie die anderen suchen mit allen Mitteln zu verführen. Es ist kein Unterschied vorhanden. Will man strenge Worte gebrauchen, so muß man sagen, daß die Prostituierte für den Augenblick gewöhnlich verachtet, die Prostituierte auf Lebenszeit dagegen verehrt wird.“

„Die Frauen haben aus sich solch ein Werkzeug für die Einwirkung auf die Sinnlichkeit zusammengestellt, daß kein Mann ruhig mit einer Frau verkehren kann . . . Wie nur der Mann sich einer Frau nähert, sogleich verfällt er ihrem Gift und wird wie verrückt. Und früher wurde mir immer unheimlich, seltsam zu Mute, wenn ich eine aufgeputzte Frau mit rotem Kopftuch und aufgebauschten Unterröcken oder unsere Damen im Ballstaat sah. Jetzt aber ist mir der Anblick geradezu schrecklich, ich sehe etwas Gefährliches und Gesetzwidriges darin und fühle das Verlangen, die Polizei zu rufen, um die Ursache der Gefahr entfernen zu lassen.“

Wenn Tolstoi auf seinen schwachen Punkt, die Verdrängung der Sinnlichkeit gelangt, so läßt ihn sein Künstlergenie im Stich und er wird zum Moralisten, dessen Fehler evident sind. So geschieht es auch hier.

Posdnyschew beschreibt seine sinnliche Reizung beim
Verkehr mit seiner Braut und plötzlich fängt er an, sie
durch Quantität und Qualität der Bestandteile der Speisen
zu erklären. Nach langweiligen Berechnungen, welche Speisen
der Bauer braucht, sagt Tolstoi, daß dies für den arbeitenden
Bauer ganz natürlich sei. Die gleiche oder sogar noch reichere
Nahrung, ruft aber beim Müßigen Sexualerregungen hervor.

„Im Wesen war diese meine Liebe das Werk einerseits der Tätigkeit der Mama und der Schneider, anderseits des Überschusses der von
mir verschlungenen Nahrung bei müßigem Leben .... Wozu führt das?
Zu sinnlichen Exzessen. Und wenn es dazu kommt — wird das Sicher-
heitsventil geöffnet — und alles ist in Ordnung. Aber schließen Sie
einmal das Ventil, wie ich es vor meiner Heirat zuweilen versuchte,
und sogleich entsteht eine Aufregung, welche, angefacht durch Romane,
Gedichte, Lieder, durch unser müßiges, luxuriöses Leben, eine Verliebtheit erster Sorte hervorruft."

Also verneint Posdnyschew die ideale Liebe, indem er
behauptet, es sei alles nur Sinnlichkeit. So wird die ideale
Liebe zur sinnlichen reduziert und die sinnliche zur Nahrung.
Am Ende könnte man denken, daß Fleisch, Kaffee usw. eine
Selbstaktivität besitzen, während unser Ich ganz passiv und
unser ganzes Leben und Treiben nur ein Spiel der Speisen ist.

Posdnyschew heiratet in folgender Gemütsstimmung:
1.) Seine Frau muß eine Vollkommenheit sein. „Meine Frau
sollte ein Inbegriff aller Vollkommenheiten sein, unsere gegenseitige Liebe sollte erhaben und die Reinheit unseres Familienlebens so fleckenlos wie das der Tauben sein." 2.) Seine Braut
reizte ihn sinnlich. 3.) Die Sinnlichkeit ist etwas Abscheu-
liches. Darauf könnte man erwidern, daß Posdnyschew die
Grundbedeutung der Sinnlichkeit und ihre Abscheulichkeit
erst nach dem Mord verstanden hat. Dem ist aber nicht so,
wie gleich evident sein wird.

„Nun, so haben sie mich gefangen. Ich war verliebt, wie man
sagt . . . . Die Zeit der Brautschaft dauerte nicht lange, ich kann jetzt
nicht ohne Beschämung an dieselbe zurückdenken! Welche Abscheulichkeit! Man versteht unter der Liebe etwas Geistiges, nicht etwas Sinnliches. Aber wenn die Liebe geistig ist, so muß sich in Worten und
Gesprächen diese geistige Gemeinschaft äußern. Doch nichts davon war
bei uns zu finden. Wenn wir allein waren, fiel es uns entsetzlich schwer
zu sprechen. Was für eine Sisyphusarbeit! Kaum hatte man etwas er-
dacht, was man sagen wollte, so war es schon ausgesprochen, und wir
schwiegen wieder, um etwas neues zu erdenken. Wir hatten nichts zu
sprechen . . . . Und dabei noch diese widerliche Naschhaftigkeit, Konfekte,
diese grobe Gier nach Süßigkeiten und die Vorbereitungen zur Hochzeit.“

Wir finden hier keine Ahnung von Zärtlichkeit, vollständiges
Fehlen von Gefühlen des Naheseins, des Teuerseins u. dgl.

„So heiraten alle, so heiratete auch ich und es begann der so
viel gerühmte Honigmonat. Der Name allein, wie gemein er schon
ist! . . . . Der Honigmonat bietet nicht das geringste Entzücken, im
Gegenteil, er ist unangenehm, beschämend, häßlich, kümmerlich und
vor allem langweilig, ganz unglaublich langweilig. Das ist etwas der Art,
was ich fühlte, als ich rauchen lernte, wenn ich den Reiz empfand,
mich zu erbrechen, den Speichel hinabschluckte und mich anstellte, als
ob es sehr angenehm sei. Der Genuß beim Rauchen ist ganz ebenso
wie dabei — wenn er wirklich kommt, so kommt er erst später, vorher müssen die Ehegatten sich zu diesem Laster erziehen, um später
Genuß daran zu finden. ‚Wieso Laster?‘ sagte ich. ‚Sie sprechen ja von
der allernatürlichsten Sache.‘ ‚Von der natürlichsten,‘ sagte er, ‚natürlichsten? Nein, ich sage Ihnen, ich bin im Gegenteil zur Überzeugung
gekommen, daß das widernatürlich ist.‘“

Da Posdnyschew die Sinnlichkeit so energisch verneint, sollte er
natürlich die Vernichtung des Menschengeschlechtes predigen. So ist
es auch.

„Was für ein Geschrei! Daß nicht das Menschengeschlecht aufhöre zu existieren, wenn ein paar Dutzend aufhören wollen, Schweine zu
sein . . . . Warum soll es sich fortpflanzen, das Menschengeschlecht? . . . .
Das Ziel des einzelnen Menschen, wie der Menschheit überhaupt, ist
das Glück. Zur Erreichung des Glückes ist den Menschen das Gesetz

gegeben, das sie befolgen sollen. Das Gesetz verfolgt die Einigung der Menschheit. Diese Eintracht wird jedoch durch die Leidenschaften verhindert. Die stärkste aller Leidenschaften aber ist die sinnliche Liebe. Wenn also die Leidenschaften, und besonders die stärkste derselben, die sinnliche Liebe, vernichtet werden, so vollzieht sich die Einigung, die Menschheit hat das Gesetz erfüllt und hat keinen Grund mehr zu leben . . . . Alle Religionen sagen ein Ende der Welt voraus und auch nach den Lehren der Wissenschaft ist dasselbe unvermeidlich. Was liegt also Sonderbares darin, daß auch die Lehren der Moral zu demselben Ende führen?

„Wenn aber der Mensch wie in unserer Gesellschaft nur nach sinnlicher Liebe strebt, und wenn er sie auch einhüllt in die scheinbar moralische Form der Ehe, so ist diese doch nichts anderes als die Erlaubnis zur Ausschweifung mit einer und derselben Frau — sie ist doch nur ein sittenloses Leben, in welchem ich versank und in welches ich auch sie hinabzog und das wir moralisches Familienleben nennen . . . . Ich begriff nicht, daß die Worte des Evangeliums, daß derjenige, der eine Frau mit Begierde ansieht, schon mit ihr die Ehe gebrochen hat, — sich nicht nur auf fremde Frauen beziehen, sondern hauptsächlich auch auf die eigene Frau."

Also erkennt Tolstoi als Ideal die vollständige Enthaltsamkeit, die Keuschheit an. Und nur der Unmöglichkeit, die Keuschheit im Leben durchzuführen, nachgebend, willigt er in eine gefühllose Verbindung mit der Ehefrau ein. Mit anderen Worten, er verbannt die extra-genitale Sinnlichkeit gänzlich und läßt nur das Minimum der genitalen Sinnlichkeit übrig, indem er letztere auf einen fast mechanischen Akt herabsetzt. Das ist aber eine Reductio ad absurdum! Begehren ohne Begierde. Tolstoi hat nicht Mut genug, die Vernichtung der Menschheit aufrichtig zu predigen.

Einen schönen Honigmonat von einem Menschen zu erwarten, der an Sinnlichkeitsverdrängung leidet, ist kaum möglich! „Wie sehr ich mich auch bemühte einen Honigmonat zu verleben, es mißlang . . . . Je mehr ich mich bemühte, desto weniger gelang es. Die ganze Zeit war häßlich, beschämend und langweilig, bald aber wurde es auch

peinlich und unerträglich. Ich glaube, am dritten oder vierten Tag traf
ich meine Frau in tiefer Betrübnis. Ich fragte sie nach dem Grunde,
umarmte sie, was nach meiner Überzeugung alles war, was sie wünschen
konnte, aber sie machte sich los und brach in Tränen aus. Worüber?
Sie wußte es nicht zu sagen, aber sie war betrübt und schwermütig . . . .
Ich bestürmte sie mit Fragen, und sie antwortete, sie sehne sich nach
ihrer Mutter. Dies schien mir nicht die Wahrheit zu sein. Ich suchte
sie zu trösten, sprach aber kein Wort von ihren Eltern. Ich begriff
nicht, daß sie ganz einfach betrübt und die Erwähnung ihrer Mutter
nur ein Vorwand war. Sie hörte mich nicht an. Dann nannte ich sie
launisch und spottete über ihre Schwermut. Da plötzlich versiegten ihre
Tränen und sie warf mir mit den heftigsten Worten grausamen Egoismus
vor. Ich blickte sie erstaunt an, ihre Miene drückte nur Zorn aus und
dieser Zorn galt mir. Ich kann das Entsetzen nicht beschreiben, das ich
bei diesem Anblick empfand. Wie? Was ist das? dachte ich. Liebe
— ein Herzensbund — und dabei dieser Abscheu vor mir! Was ist
das? Warum? Das ist nicht möglich! Sie ist nicht mehr dieselbe. Ich
versuchte, sie zu besänftigen, aber ich stieß auf eine so unerschütterliche
Mauer, auf kalte, giftige Feindschaft, daß mich plötzlich ein Grimm er-
faßte, und wir warfen uns eine Menge Bosheiten an den Kopf. Der
Eindruck dieses ersten Streites war entsetzlich. Ich nenne das einen Streit,
es war nur die Offenbarung jenes Abgrundes, welcher in Wirklichkeit
zwischen uns lag. Mit der Befriedigung der Sinnlichkeit verschwand
die Liebe, und wir beide standen einander gegenüber in unserer
wahren Gestalt, das heißt als z w e i   e i n a n d e r   v o l l k o m m e n   f r e m d e
E g o i s t e n, welche so viel Vergnügen als möglich sich durch den anderen
verschaffen wollten, zwei Menschen, welche sich gegenseitig auszubeuten
suchten. Was ich Streit genannt habe, war unsere wirkliche Stellung
zueinander, wie sie sich bei dem Schwinden der Sinnlichkeit zeigte."

Die beschriebenen Szenen deuten auf vollständiges Fehlen
von zärtlichen Regungen. Die Sexualität, der keine zärtliche
Strömung zugänglich ist, erreicht dadurch starke S t e i g e r u n g
der S i n n l i c h k e i t (nach der Analogie zweier kommuni-
zierender Röhren) und r e g r e d i e r t hier zu ihrer Urquelle:
dem primären Sadismus resp. dem Kannibalismus.

Es folgen neue Zänke. „Ich wurde zornig, warf ihr Mangel an
Zartgefühl vor. Sie antwortete mit gleichen Vorwürfen, und so begann
die Geschichte von neuem. In ihren Worten, in dem Ausdruck ihres
Gesichtes und in ihren Blicken sah ich wieder denselben Haß, der mich
früher schon so sehr in Erstaunen versetzt hatte. Es war früher vor-
gekommen, daß ich mit meinem Bruder, mit meinen Freunden, sogar
mit meinem Vater gestritten hatte, aber niemals hatte sich zwischen
uns diese giftige Bosheit gezeigt, welche ich jetzt bemerkte."

„Unsere Streitigkeiten entstanden aus so nichtigen Veranlassungen,
daß es nachher, wenn sie wieder beigelegt waren, unmöglich war, sich
darauf zu besinnen. Der Verstand war nicht imstande, der beständig zwischen uns schwebenden Feindschaft genug Gründe zu
liefern. Wie es bei der heiter lachenden Jugend vorkommt, daß sie
sich nichts Lächerliches zu erdenken weiß, um darüber zu lachen und
daher über ihr eigenes Gelächter lacht, so vermochten auch wir keine
Gründe für unseren Haß zu finden und verabscheuten einander ganz
einfach deshalb, weil wir in unseren Herzen Abscheu gegeneinander
hegten. Aber noch erstaunlicher waren die Nichtigkeiten, welche den
Vorwand zur Versöhnung lieferten. Zuweilen waren es Worte, Auf-
klärungen, sogar Tränen, zuweilen aber — und ich erinnere mich
immer mit Abscheu daran — trat nach den heftigsten Reden plötzlich
Schweigen ein, es folgten Blicke, Lächeln, Küsse, Umarmungen. — Pfui,
wie erbärmlich! Wie ist es möglich, daß ich diese ganze Kläglichkeit
nicht einsah?"

Es unterliegt keinem Zweifel, daß Posdnyschews Sinnlichkeit ausgeprägt sadistische Züge trägt.[1]

1) Einen ähnlichen sexuellen Haß beschreibt Tolstoi im „Knabenalter".
„Ja, das war ein echtes Haßgefühl, nicht derjenige Haß, über den man nur im
Romanen schreibt und an den ich nicht glaube, der Haß, der Genuß findet
im Verursachen von Übel. Es war ein Haß, der unüberwindlichen Abscheu
gegen den Menschen einflößt, welcher dennoch Ihre Achtung verdient, Ihnen
sein Haar, seinen Hals, seinen Gang, den Klang seiner Stimme, alle seine
Glieder, seine Bewegungen widrig macht; zugleich zieht er Sie mit einer un-
erklärlichen Kraft an und zwingt Sie mit unruhiger Aufmerksamkeit seinen
geringsten Handlungen zu folgen." Noch bestimmter drückt den libidinösen
Charakter des Hasses Lermontow aus: „Ich liebe meine Feinde, obgleich
nicht nach christlicher Art. Sie belustigen mich, regen mir das Blut auf.
Immer auf der Wache stehen, jeden Blick fangen, den Sinn jedes Wortes, die
Absichten erraten . . . ." Diese anziehende Wirkung des Haßobjektes stellt
eben das sexuelle Stigma des Hasses dar.

Posdnyschew betrachtet es auch als Verbrechen, daß der eheliche Verkehr fortdauerte, als die Frau schwanger wurde. „Man braucht nur zu denken, was für ein Wunder in einer Frau vorgeht, wenn sie Mutter wird." Posdnyschew meint, daß alles Unheil davon kommt, daß man die Frau als Genußmittel betrachtet. Er fordert, daß diese Ansicht über die Frau geändert werde. Die ganze Frauenfrage liege nur darin, meint er. Er spricht ferner von der Eifersucht. „Ich will nicht von jener wirklichen Eifersucht sprechen, welche mehr oder weniger berechtigt ist . . . . Aber ich spreche von jener unbestimmten Eifersucht, welche die unvermeidliche Begleiterin jener unmoralischen Ehen ist und welche keine Ursache und daher auch kein Ende hat . . . . Diese Eifersucht ist entsetzlich, ganz entsetzlich! . . . . während der ganzen Zeit meiner Ehe habe ich fortwährend daran gelitten."

So verläuft das Familienleben in ewigen Streitigkeiten, Szenen, Eifersucht. In 8 Jahren hat die Frau 5 Kinder. Die Kinder belästigen Posdnyschew sehr.

„Sie erkrankte und die schurkischen Ärzte verboten ihr zu gebären und gaben ihr ein Mittel dagegen . . . . Die letzte Entschuldigung für unser schweinisches Leben — die Kinder — verschwand, und unser Dasein wurde noch häßlicher . . . . Das Mittel der schurkischen Ärzte begann augenscheinlich zu wirken, sie erholte sich und verschönerte sich wie ein freundlicher Nachsommer. Sie bemerkte das und beschäftigte sich mehr mit ihrer Person . . . . Sie stand in der vollen Kraft einer dreißigjährigen, nicht gebärenden, wohlgenährten, sinnlichen Frau. Ihre Erscheinung flößte eine Art von Unruhe ein, wie ein feuriges Pferd, welches lange gestanden hat und eingespannt wird, und welchem man die Zügel abgenommen hat . . . . Wenn sie an Männern vorüberging, zog sie deren Blicke auf sich . . . . Mehr und mehr beschäftigte sie sich mit ihrer eigenen Person . . . . Sie spielte wieder mit Vergnügen Klavier, das sie bisher ganz vernachlässigt hatte. Damit fing die ganze Geschichte an. Dann erschien dieser Mensch . . . . Er war ein Musiker, ein Geiger, halb Musiker von Profession, halb ein Mitglied der Gesellschaft."

„Unsere Streitigkeiten hatten in letzter Zeit eine schreckliche Heftigkeit angenommen und, was besonders erstaunlich war, sie wechselten ab mit ebenso heftiger, tierischer Leidenschaft . . . . Vor jener Katastrophe, mit der ich ein Ende machte, war ich mehrmals dem Selbstmord

nahe, und sie machte auch einen Versuch, sich zu vergiften . . . . Als
dieser Herr nach Moskau kam, — sein Name war Truchatschewsky
— besuchte er mich eines Vormittags . . . . Aber seltsam, eine merk-
würdige, unheimliche Kraft veranlaßte mich, ihn nicht abzustoßen,
sondern im Gegenteil ihn anzuziehen . . . . Ich litt entsetzlich unter der
Eifersucht, obgleich — oder vielleicht gerade weil — eine unbekannte
Gewalt mich gegen meinen Willen veranlaßte, nicht nur höflich sondern
sogar besonders liebenswürdig gegen ihn zu sein . . . . Ich mußte ihm
schmeicheln, um nicht von dem Verlangen überwältigt zu werden, ihn
zu ermorden."

Posdnyschews Verhältnis zu Truchatschewsky war ambivalent. Woher kommt aber die positive Seite dieses Verhältnisses? Wahrscheinlich hatte Posdnyschew den unbewußten
Wunsch, daß Truchatschewsky mit seiner Frau in intime
Beziehung trete, damit sein Familienleben auf die übliche
polygame Bahn gelange. Zugleich wird die sadistische Strebung bei Posdnyschew wach.

„Ich empfand ein heftiges Verlangen, sie (d. h. die Frau) zu
schlagen, zu erwürgen . . . ."

Posdnyschews Frau und Truchatschewsky musizieren miteinander;
unter anderem die Kreutzer-Sonate von Beethoven. „Die Sonate ist
schrecklich . . . . Überhaupt die Musik ist etwas Schreckliches. Warum?
Das weiß ich nicht. Was ist die Musik? Was bewirkt sie? Und wozu
bringt sie hervor, was sie bewirkt? Man sagt, die Musik wirke erhebend
auf die Seele. Unsinn! Lüge! Sie wirkt schrecklich — ich spreche von
mir selbst — aber durchaus nicht erhebend. Sie wirkt nicht erhebend
und nicht erniedrigend sondern erschütternd auf das Herz . . . . Die
Musik versetzt mich unmittelbar in jenen Seelenzustand, in dem sich
derjenige befand, der sie komponierte, meine Seele vereinigt sich mit
der seinigen und gemeinsam mit ihr schwebt sie aus einer Stimmung
in die andere. Warum aber? Das weiß ich nicht. Der Komponist der
Kreutzer-Sonate, Beethoven, wußte, warum er sich in dieser Stimmung
befand. Diese Stimmung lenkte seine Tätigkeit und darum hatte sie für
ihn einen Sinn, für mich aber ganz und gar nicht. Und darum bringt
die Musik nur eine Aufregung ohne bestimmtes Ziel hervor. Wird ein

Marsch gespielt, so marschieren die Soldaten im Schritt, bei den Klängen eines Tanzes wird getanzt, wird eine Messe gesungen, so verrichtet man seine Andacht, in jedem Falle hat die Musik einen bestimmten Zweck erfüllt .... Hier aber entsteht nur Aufregung, welche keinem Zweck entspricht, und deshalb ist die Musik so schrecklich und hat oft so gefährliche Wirkungen .... Nehmen wir zum Beispiel diese Kreutzer-Sonate, das erste Presto! — und es gibt noch viele solcher Stücke. Darf man etwa solche in einem Salon, inmitten von dekolletierten Damen, oder in Konzerten spielen, und dann nach dem Beifallklatschen ein anderes Stück folgen lassen? Solche Stücke darf man nur unter gewissen, bedeutsamen Umständen spielen, wenn es sich darum handelt, eine wichtige, dieser Musik entsprechende Tat zu vollbringen. Aber einen Sturm von Gefühlen hervorzurufen, welche weder dem Ort noch den Zeitumständen entsprechen und in nichts ihre Betätigung finden können, das kann nur verderblich wirken."

Posdnyschew verreist in Dienstangelegenheiten in seinen Verwaltungsbezirk. Dort erhält er einen Brief, in dem seine Frau erwähnt, daß Truchatschewsky sie in seiner Abwesenheit einmal besuchte. Posdnyschew ist überzeugt gewesen, daß Truchatschewsky in seiner Abwesenheit sein Haus nicht besuchen werde. Diese Nachricht ruft einen starken Eifersuchtsanfall hervor. Posdnyschew schiebt alle seine Beschäftigungen beiseite und fährt nach Hause. Er kommt um ein Uhr nachts nach Hause und trifft seine Frau mit Truchatschewsky beim Abendessen. Posdnyschew tritt in das Zimmer mit der Absicht, die beiden zu töten. Zu diesem Zweck hält er hinter seinem Rücken einen Dolch verborgen. „Ich erinnere mich nur des Ausdrucks ihrer Gesichter, als ich die Tür öffnete. Ich erinnere mich deshalb daran, weil mir dieser eine schmerzhafte Freude gewährte. Es war der Ausdruck des Schreckens, wie ich ihn gewünscht hatte .... Wieder empfand ich das Bedürfnis nach einer Gewalttat und gab mich dem Entzücken der Wut hin ...." Truchatschewsky verschwindet und Posdnyschew tötet seine Frau.

Wir müssen in der Kreutzer-Sonate zwei Seiten unterscheiden:

1.) Die künstlerische Seite. Da haben wir eine psychologisch scharfsinnige und malerische Beschreibung des

dramatischen Erlebnisses eines Menschen, der außerordentlich
sinnlich veranlagt ist, mit Neigung zu Sadismus, der aber
zugleich seine Sinnlichkeit verdrängt. Es ist ein Drama
der mißlungenen Verdrängung. Die verdrängte Sinnlichkeit hat in der Mordtat die Befriedigung gefunden.

2.) Die moralisierende Seite. Hier finden wir auch
wichtige und interessante Fragestellungen, da sich das ganze
Drama auf der Basis des gegenwärtigen, verfallenden Familienlebens abspielt. Der Hauptgedanke der Erzählung aber, nämlich daß die absolute Keuschheit oder mindestens die Askese
im Eheleben als Ideal der Menschheit gelten soll, ist aus der
Handlung nicht abzuleiten. Posdnyschews Drama ist ein
Verdrängungsdrama, ein Sonderfall des Sexuallebens. Aus
diesem Sonderfall einen allgemein-gültigen Schluß zu ziehen,
ist unerlaubt. Nicht jeder, nicht einmal die Mehrzahl hat
Ekelgefühle beim Gedanken an die Flitterwochen. Diese Erzählung rechtfertigt keineswegs die Askese, sondern im Gegenteil die Sinnlichkeit. Wenn Posdnyschew keinen so starken
Kampf gegen seine Sinnlichkeit geführt hätte, so hätte sein
ganzes Leben einen anderen Charakter und es fände kein
Mord statt.

Tolstoi, der Moralist, verneint, haßt und verdrängt die
Sexualität. Tolstoi, der Künstler, zeigt uns die volle Macht
der Sexualität, die keine echte Verdrängung ohne Sublimierung zuläßt. Tolstois Helden kämpfen gegen die Sexualität zu Gunsten des Ichideals, nicht wegen der überpersön-
lichen Ziele. Das verbirgt aber einen inneren nicht zu über-
windenden Widerspruch: Jedes Ideal hat Anspruch auf Vollkommenheit, aber der Mensch ohne Sexualität in direkter
oder sublimierter Form ist kein Mensch mehr, sondern ein
Krüppel.

Die Kreutzer-Sonate ist in gewisser Beziehung eine Psychoanalyse, da alle Erlebnisse auf das elementare Triebleben, im
besonderen auf das Sexualleben reduziert werden. Nur ist die
Psychoanalyse tendenzfrei, hält sich von jeder Wertung fern.
„Die Psychoanalyse will nichts anderes als Zusammenhänge auf-
decken, indem sie Offenkundiges auf Verborgenes zurückführt."[1]
Die Tatsache, daß die ideale Liebe ihrer Herkunft nach sinnliche
Liebe ist, sagt noch absolut nicht, daß die ideale Liebe deshalb
jeden Wert verliert. Die Herkunft als solche entwertet die Erscheinung nicht. Wir können nur sagen, daß die Sexualität als
solche kein Wertphänomen darstellt, sondern einfach ein Faktum
ist. Diese Meinung spricht auch Posdnyschew im Anfange
seiner Erzählung aus, dann aber vergißt er sie gänzlich. Diese
Ansicht wurde schon von Plato[2] ausgesprochen und neuerdings
von Rickert[3] erläutert. Die Instinkte sind wertindifferent, wir
können nicht sagen, ob es gut oder schlecht ist, sich zu ernähren,
das ist conditio sine qua non des Lebens und nichts weiter.

Tolstoi kommt in seinem Verdrängungseifer zu einem
evident absurden Schluß, indem er behauptet, daß die Natur
selbst das Sexuelle als etwas Schweinisches brandmarkt. Jede
Sexualitätsverneinung ist eine Kulturerscheinung. Die Verdrängung der Sinnlichkeit ist ein allgemeines Kulturleiden,
sie charakterisiert das Liebesleben des Kulturmenschen.[4]

Es ist noch zu bemerken, daß Tolstoi sehr oft den
Kampf mit den Naturgesetzen mit dem Kampf um die
hygienischen Regeln verwechselt.

Soviel über die Kreutzer-Sonate.

---

1) Freud, Über die allgemeinste Erniedrigung des Liebesleben. Vierte
Folge. L. c. S. 224.
2) „Gastmahl." Die Rede des Pausanias..
3) „Lebenswerte und Kulturwerte." Logos.
4) Freud, Über die allgemeinste Erniedrigung des Liebeslebens. L. c.

Welche Hinweise auf Tolstois psychosexuelle Konstitution sind nun in den Erzählungen „Der Teufel" und die „Kreutzer-Sonate" enthalten.

1.) Die Kreutzer-Sonate belehrt uns, daß Tolstoi sadistische Neigungen hat. Das fügt sich ganz gut zu unserer Vermutung, daß bei Tolstoi die anal-sadistische Phase in der Kinderzeit stark ausgeprägt war. Im weiteren Leben manifestierte sich der Sadismus in Selbstquälerei. Wie Mereschkowski ganz richtig bemerkt, ist Tolstois „Beichte" eine moralische Selbstgeißelung.

2.) Tolstois Familienleben entsprach, seinem psychologischen Charakter nach, dem Verhältnis Eugens zu Lisa. Es fehlte die eigentliche Sinnlichkeit. Es fehlte die Rosine. Es versteht sich von selbst, daß die Tatsache, daß die Familie Tolstoi 13 Kinder erzeugte, nicht dagegen spricht. Die Sinnlichkeit war, wenigstens in Phantasien, auf Objekte von niederem Stande gerichtet. Vielleicht war dieser Umstand eine der Ursachen von Tolstois Neigung zur Vereinfachung, zum Volke? Tolstois heteroerotische Libido war zu stark an die Mutter-Imago (und Schwester?) fixiert, darum stellte er große Forderungen an seine Frau. „Meine Frau sollte ein Inbegriff aller Vollkommenheiten sein." (Kreutzer-Sonate). Ähnliche Forderungen finden wir in den anderen dichterischen Werken Tolstois, wie auch in seiner Biographie. Die Fixierung an zwei Mutter-Imagines hatte zur Folge, daß Tolstoi immer zwei Lebensweisen hochschätzte. Die zweite Mutter ist etwas sehr gutes, aber die erste ist vielleicht noch besser. Und Tolstoi hatte immer zwei Lebensansichten: gut ist ein unmittelbares, unreflexiertes, sinnliches Leben, das Naturleben, aber gut ist auch ein ideales, alle Sinnlichkeit verdrängendes Leben.

3.) Starke Verdrängung der Sinnlichkeit führte dazu, daß auch die Musik, die Poesie, die Dichtung verdrängt wurden. Von der Musikverdrängung war schon oben die Rede. Posdnyschews Ansichten können wir auch Tolstoi selbst zuschreiben, weil Tolstoi sie in seinem Nachworte zu der Kreutzer-Sonate in seinem eigenen Namen wiederholt. „Wein, Weib und Gesang! sagen die Poeten. Betrachten Sie einmal die ganze Poesie, die ganze Malerei und Skulptur mit diesen nackten Statuen der Venus und Phryne, und Sie sehen, daß die Frau ein Genußmittel ist." Tolstoi verneint die Dichtung, weil sie dank ihrer Fähigkeit, die Sinnlichkeit hervorzurufen, gefährlich sei. Die verneinende Beziehung zur Wissenschaft hat auch in der Sinnlichkeitsverdrängung eine ihrer Wurzeln. Kurz und gut, alles unterliegt der Verdrängung, was die Sinnlichkeit erregen kann: Konfekt, zu reiche Nahrung, Tanz, Musik, Dichtung. Tolstois Verdrängung trägt den Charakter der Angsthysterie. Zuerst besetzt er ebenso wie seinen eigenen Körper, so auch den fremder Personen mit Libido. Siehe die erotische Schaulust in der zweiten Erinnerung. Und nicht nur das Körperliche, sondern sogar die Damenkleider ziehen sein Interesse an. Tolstois Verwandter, Fürst D. D. Obolenskii, erzählt: Ich erinnere mich seiner als „homme du monde", als ich ihn noch auf Bällen sah, und ich erinnere mich einer Bemerkung von ihm: „Sehen Sie doch, wieviel Poesie in der Ballrobe einer Frau liegt, wieviel feiner Geschmack, wieviel Denken und Herrlichkeit schon allein in den Blumen, die ans Kleid gesteckt sind."[1] Nachher unterliegt das Körperliche der Verdrängung. Der Verdrängung unterliegt nämlich der Affektbetrag, die Vorstellung bleibt im Bewußtsein intakt. Der verdrängte

1) Birjukow, II, 289.

Affekt verwandelt sich in Angst. Die Angst bezieht sich auf das Körperliche, wie wir das in der Kreutzer-Sonate sehen (ähnliche Erlebnisse finden wir auch in der „Auferstehung"). So eine Verdrängung können wir als eine wirklich mißglückte betrachten. In weiterer Entwicklung kommt es „zur Bildung eines Fluchtversuches, der eigentlichen Phobie, einer Anzahl von Vermeidungen, welche die Angstentbindung ausschließen sollen").[1] Man kann sagen, daß aller moralisierenden Tätigkeit Tolstois eine echte **Phobie vor dem Sinnlichen** zugrunde liegt.

So verwandelt sich der Liebling in den Feind. In seinen dichterischen Phantasien tötet Tolstoi seinen Feind — die Sinnlichkeit — in der Person von Stepanida und Posdnyschews Frau, im Leben strebt er in seinen Moralschriften gleichfalls die Ausrottung der Sinnlichkeit an.

Wir wollen jetzt in groben Zügen den Entwicklungsgang der heteroerotischen Libido Tolstois skizzieren.

1.) Zuerst herrscht die mannigfaltige Sinnlichkeit (zweite Erinnerung) und Zärtlichkeit, die an die erste Mutter fixiert ist.

2.) Die Libido besetzt zugleich das Idealbild der ersten Mutter und die zweite Mutter.

3.) Es etabliert sich die anal-sadistische Organisation.

4.) Es findet die Verdrängung der Sinnlichkeit statt (vierte Erinnerung). Als Resultat dieser Verdrängung bildet sich der Analcharakter aus. (Ordentlich, sparsam, eigensinnig.)

5.) In der Beziehung zu Katinka haben wir den ersten Durchbruch der Sinnlichkeit. („Die Verdrängung ist mobil" Freud) und die erste Aufwendung von Zärtlichkeit für ein fremdes Objekt (d. h. nicht die Mutter).

---

1) **Freud**, Die Verdrängung. Vierte Auflage. L. c.

6.) Die Sexualität wird gespalten: die sinnliche Strömung verdrängt, die zärtliche auf Sonitschka gerichtet.

7.) Zur Zeit der Pubertätsreife wird die Verdrängung besonders evident: die Sinnlichkeit gehört Mascha, wird aber verdrängt. Auf ihre Kosten entwickelt sich die Neigung zum Philosophieren, die Grübelsucht.

8.) Die Spaltung tritt klar zu Tage: die Sinnlichkeit gehört teilweise den niederen Objekten (Marianka in der autobiographischen Erzählung „Kosaken" und etliche Weiber überhaupt), teilweise in gehemmter Form den Gesellschaftsdamen (Siehe die im Kap. V erwähnten Romane). Die Zärtlichkeit bleibt an die Mutter fixiert. Und doch wird die Sinnlichkeit nicht in den Verhältnissen mit niederen Objekten erschöpft. Sie wird teilweise sublimiert und ihre Energie auf dichterisches Schaffen resp. mannigfaltige Tätigkeit (landwirtschaftliche, militärische, pädagogische), die mit großem Eifer ausgeführt wird, verbraucht. Zugleich aber wird die verdrängte Sinnlichkeit als ätiologisches Moment der neurotischen Erscheinungen wirksam (Grübelsucht, Reinlichkeitstrieb, Angst, Schüchternheit und anderes).

9.) Durchbruch der Sinnlichkeit und das nicht lange dauernde Zusammentreffen der sinnlichen und zärtlichen Strömungen in der Beziehung zu Sophia Andrejewna.

10.) Neuerliche Spaltung. Unmittelbare Sinnlichkeit wird nur im Verhältnis zur Frau als genitale Sinnlichkeit manifest. Die extra-genitale wird definitiv und gänzlich verdrängt.

11.) Eine Unterbrechung des glücklichen Familienlebens durch stark ausgeprägte Angstneurose. So schreibt Tolstoi während der Reise ins Pensensker Gouvernement an Sophia Andrejewna: „Seit zwei Tagen quält mich eine entsetzliche Unruhe! Vorgestern übernachtete ich in Arsamas und mir

passierte etwas ganz Ungewohntes . . . . Plötzlich überfiel
mich eine furchtbare Trauer, Schrecken, ein furchtbares Entsetzen, wie ich es noch nie verspürt habe . . . . möge Gott
jeden davor behüten . . . . Ich kann allein sein, wenn ich
fortwährend beschäftigt bin, aber ohne Arbeit, wie jetzt,
fühle ich, daß ich nicht mehr einsam sein kann."[1]

12.) Die Krise. „In einem ⸱seiner autobiographischen
Werke erklärt Tolstoi selbst, daß es eine eigentliche Krise,
eine Umwälzung in seinem Leben gar nicht gegeben habe."[2]
Das war nur eine starke Aufwallung der Sinnlichkeit und
eine dementsprechend starke Verdrängung derselben.

13.) Nachkritische Periode. Die Verdrängung alles Sinnlichen als ein phobisches Phänomen.

Tolstoi erlebte das Schicksal Eugens und Posdnyschews
darum nicht, weil er seine Sinnlichkeit im Schaffen sublimierte.

1) Birjukow, II, 93. Die Angstzustände sind außerordentlich scharfsinnig und malerisch in den „Aufzeichnungen eines Geisteskranken" (aus dem
Nachlasse) geschildert.

2) Birjukow, II, 311.

VII

„DIE AMEISENBRÜDER“

(Das Supra-Ich)

Außer den „Ersten Erinnerungen“ hat Tolstoi noch
die „Kindheitserinnerungen“ geschrieben. Dieses Werk
ist (1903—1906) den Bitten Birjukows, Tolstois Biographen,
zufolge entstanden. Schon aus der Einleitung zu diesen „Kindheitserinnerungen“ sehen wir, daß sie bei weitem nicht denselben psychologischen Wert haben, wie die von uns ana-
lysierten „Ersten Erinnerungen“. Tolstoi schreibt: „Indem
ich meinem Leben diesen Spiegel vorhielt, das heißt, indem
ich es vom Standpunkte des Guten und des Übeln, das ich
getan hatte, prüfte, sah ich . . . .“[1] Das sind keine frei-
steigenden Erinnerungen mehr, sondern tendenziöse. „Ich
glaube, daß eine solche Autobiographie, wenn auch sehr
mangelhaft, den Menschen nützlicher wäre, als all das künstlerische Geschwätz, mit dem die zwölf Bände meiner
Werke erfüllt sind und welchem die Menschen unserer Zeit
eine unverdiente Bedeutung beimessen.“[2] Tolstoi gelang es
nicht, seine Absicht auszuführen, er hat nur einige Skizzen
niedergeschrieben. Diese Skizzen sind aber dadurch bedeutungs-

---

1) Birjukow, I, 17.
2) Birjukow, I, 18.

voll, daß sie uns bestimmte Tatsachen vermitteln; auch in
psychologischer Beziehung enthalten sie manche wichtige
Aufzeichnungen. Ihnen haben wir die Erinnerungen an die
Mutter, an Tatjana Alexandrowna und andere entnommen.
Außerdem finden sich hier auch Tolstois Erinnerungen an
das grüne Stäbchen.

„Ja, der Fanfaronow-Hügel ist eine meiner frühesten, liebsten
und wichtigsten Erinnerungen. Mein ältester Bruder, Nikolenka, war
sechs Jahre älter als ich. Er war also zehn oder elf, als ich vier oder
fünf Jahre alt war. — Damals nämlich, als er uns auf den Fanfaronow-
Hügel führte. .... Seine Phantasie war so reich, daß er stundenlang
Geistergeschichten oder Humoresken nach Art der Mrs. Radcliffe erzählen konnte, ohne zu stocken oder zu zögern — in einem Tone der
Wahrhaftigkeit, der ganz vergessen ließ, daß, was er erzählte, Erfindung
war .... Eines Tages, als ich fünf, Mitenka sechs und Serjoscha sieben
Jahre alt war, verkündete er uns, er wisse ein Geheimnis, dessen Ent-
hüllung alle Menschen glücklich machen würde; es sollte dann weder
Krankheit noch Sorgen mehr geben; keiner würde mehr dem andern
zürnen; alle würden einander lieben, alle würden ‚Ameisenbrüder‘
werden. Er meinte wahrscheinlich ‚Mährische Brüder‘, von denen er
gehört und über die er gelesen hatte. In unserer Sprache aber blieben
sie die Ameisenbrüder. [Der russische Ausdruck für Ameise ist Murawei;
Mähren = Morawja; daher die Verwechslung.] Und ich entsinne mich,
daß uns das Wort Ameise besonders gefiel, weil es uns an die Ameisen
in einem Ameisenhaufen erinnerte. Wir erfanden sogar ein Ameisen-
brüderspiel, das darin bestand, daß wir unter Stühlen kauerten, hinter
Schachteln Schutz suchten, uns hinter Tüchern verbargen und so im
Dunkeln, dicht aneinander gedrückt, herumkrochen. Ich weiß noch,
daß ich dabei ein besonderes Gefühl der Liebe und Ergriffenheit verspürte und dieses Spiel sehr gerne hatte. In die Ameisenbrüderschaft
waren wir somit aufgenommen; doch das Hauptgeheimnis, das die Tilgung
aller menschlichen Leiden in sich barg, das Ende von Zank und Zorn
bringen sollte und das Mittel, unveränderlich glücklich zu werden, dies
Geheimnis hatte er, wie er uns sagte, auf ein grünes Stäbchen
geschrieben und dieses Stäbchen an der Straße, am Rande eines

Abhanges, vergraben. An dieser Stelle möchte ich, da mein Leichnam doch irgendwo ruhen muß, begraben werden — in Erinnerung an Nikolenka. Außer diesem kleinen Stäbchen gab es ein anderes Mysterium, einen gewissen ,Fanfaronow-Hügel', auf welchen er uns zu führen versprach, sobald wir die erforderlichen Prüfungen bestanden haben würden. Diese Prüfungen waren: erstens, in einer Ecke zu stehen und nicht an einen weißen Bären zu denken. Ich erinnere mich, wie ich mich in eine Ecke stellte und es versuchte, aber unmöglich vermeiden konnte, an den weißen Bären zu denken. Die zweite Bedingung war, ohne Schwanken eine Bretterfuge am Fußboden entlang zu gehen; und die dritte, leichteste, ein ganzes Jahr lang weder einen lebenden noch einen toten oder gebratenen Hasen anzuschauen; außerdem mußten wir uns verpflichten, dieses Geheimnis keinem zu verraten. Wer diese Bedingungen und andere noch schwierigere, die uns Nikolenka später enthüllen wollte, bestand, dessen Wunsch sollte in Erfüllung gehen, was es auch wäre. . . . . Den tiefsten Eindruck aber hat mir die ,Ameisenbrüderschaft' hinterlassen und das damit zusammenhängende geheimnisvolle grüne Stäbchen, das alle Menschen glücklich machen sollte. Heute nehme ich an, daß Nikolenka wahrscheinlich von den Freimaurern gelesen oder gehört hatte, von ihren Bestrebungen für das Glück der Menschheit und den geheimnisvollen Einweihungsriten bei Eintritt in den Orden; er hatte wahrscheinlich auch von den ,Mährischen Brüdern' gehört und all dies in seiner eifrigen Phantasie, seiner Menschenliebe und Herzensgüte miteinander vermengt und daraus die Geschichten erdichtet, die ihm selber Freude bereiteten und uns mystifizierten. Das Ideal der Ameisenbrüder, die sich liebend aneinander schmiegen — wenn auch nicht unter zwei Lehnstühlen, hinter Vorhängen und Tüchern — nein, die ganze Menschheit Hand in Hand unter der weiten Himmelskuppel eng vereint, ist für mich stets dasselbe geblieben.[1]

Zu den „Ameisenbrüdern" kehrt Tolstoi am Schlusse seiner unvollendeten Skizzen noch einmal zurück:

„Ich will nur von einem Seelenzustand erzählen, den ich mehrmals in der ersten Kindheit erlebt hatte, und welcher, glaube ich, wichtig,

---

1) Tolstois Werke. B. I. Kindheitserinnerungen. Verlag „Slowo" (Russ.) Birjukow, I, 85—88.

wichtiger als viele später erlebten Gefühle war. Es war die erste Liebes-
erfahrung, nicht Liebe zu einer Person, sondern Liebe zur Liebe. Liebe
zu Gott — ein Gefühl, das ich später nur selten aber dennoch empfand,
dank der Spur, glaube ich, die in erster Kindheit gebahnt war. Damals war
dieses Gefühl folgendermaßen entstanden: wir, besonders ich mit Mitenka
und den Mädchen, setzten uns unter Stühle, so dicht wie möglich zueinander. Diese Stühle verhängten wir mit Tüchern, umzäunten sie mit
Kissen und sagten, wir seien Ameisenbrüder, und dabei fühlten wir eine
besondere Zärtlichkeit zueinander. Manchmal ging diese Zärtlichkeit
in Liebkosungen, in Einanderstreicheln, sich Aneinanderschmiegen
über, aber das geschah selten und wir fühlten selbst, daß es nicht das
Rechte war und hörten gleich wieder damit auf. Ameisenbrüder zu sein,
wie wir es nannten (wahrscheinlich waren es irgend welche Geschichten
über die Mährischen Brüder, die durch Nikolenkas Fanfaronow-Hügel
zu uns gelangten), bedeutete nur, sich von allen und allem abzusondern
und einander zu lieben. Manchmal redeten wir unter den Stühlen darüber, was und wen ein jeder liebte, was für das Glück nötig wäre,
wie wir leben und alle lieben wollten. So weit ich mich entsinne,
pflegte dieses Spiel aus dem Reisespiel zu entstehen. Man setzte sich
auf Stühle, spannte Stühle an, richtete einen gedeckten Wagen oder ein
Kabriolet ein, und eben die im Wagen Sitzenden gingen aus Reisenden in
Ameisenbrüder über. Zu ihnen gesellten sich die übrigen. Es war sehr,
sehr gut und ich danke Gott dafür, daß ich spielen konnte. Wir nannten
es Spiel und dennoch ist alles in der Welt Spiel außer diesem."[1]

Betrachten wir diese letzte Erzählung von den Ameisenbrüdern etwas näher. Wir finden hier wie in der ersten
Erinnerung das Bild, den Seelenzustand, die Beschreibung
desselben, und seine Reduzierung auf eine Formel. Außerdem haben wir hier noch ein Moment mehr, nämlich die
Hinweisung auf die Psychogenese dieses Seelenzustandes.

Das Spiel selbst gehört in die Gruppe der Phantasiespiele, denen die introvertierte (d. h. auf die Phantasiebilder
gerichtete) Libido zu Grunde liegt. Außerdem hat an dem

---

1) Tolstois Werke. L. c.

Reisespiel auch die Muskelerotik Anteil. Das Ganze ist folglich ein Sexualerlebnis.

In der Beschreibung des Spieles haben wir vier sukzessive Seelenzustände zu unterscheiden. 1.) Ein zärtlich-sinnlicher Sexualzustand. 2.) Der Zustand der Sinnlichkeitsverdrängung. 3.) Der Zärtlichkeitszustand. Dieser letztere ruft einen Vergleich mit dem Haufen von Hündchen im Uterus der Hündin hervor. Das ist ein primär-narzißtischer Seelenzustand. Das ist kein Spiel mehr oder, richtiger gesagt, noch kein Spiel (Vgl. Kap. V), sondern ein reines Sexualphänomen. Das ist die zeitliche Regression. Dieser Zustand bereitet Genuß, weil er „die sicherste Libidoposition", den Narzißmus, wieder herstellt. 4.) Dann kommt eine neue Änderung des Seelenzustandes. Die Zärtlichkeit bekommt ein neues Objekt: ein Idealbild der allgemeinen Menschenliebe, das von Nikolenka den anderen Kindern eingegeben ist. Die verdrängte Sinnlichkeit wird sublimiert, d. h. ihre Energie wird auf dieses Idealbild gerichtet. Dieses Idealbild ist von außen (von Nikolenka) aufgenötigt.[1]

Das weitere Schicksal dieses letzten Seelenzustandes, der als Keim zu betrachten ist, kann verschieden sein, je nachdem, was in der weiteren Entwicklung bevorzugt wird: die Idealisierung oder die Sublimierung. Lenken wir unsere Aufmerksamkeit auf Lewotschka. Wenn wir an dem oben gebrauchten Vergleich mit den Hündchen im Uterus festhalten, so ist sein Zustand der des Narzißmus. Alle Geschwister werden dabei in seinem Ich aufgelöst. Das von außen aufgenötigte Ideal wird von Lewotschka als ein Ideal, das er allein zu realisieren hat, aufgefaßt, es wird zum Ichideal resp. Ideal-Ich, und die Entwicklung bleibt auf narzißtischem

---

1) Vgl. Freud, Zur Einführung des Narzißmus. L. c.

Wege geschlossen. Anderseits hätte ein anderes Moment mehr
Eindruck auf Lewotschkas Seele machen können, nämlich
die allen Kindern gemeinsame Strebung zur Verwirklichung
des allgemeinen Glücks, die Selbstvergessenheit zu Gunsten
des Allgemeinwohls, eine echte Sublimierung, also keine Verdrängung der Sexualität, sondern ihre Anwendung auf höhere
Ziele. Wir wissen schon, daß Leo Tolstoi den ersten Weg
gegangen ist. Der Hauptunterschied liegt darin, ob die Mehrzahl der Kinder als eine solche aufgefaßt wird, oder ob sie
im eigenen Ich verschwindet.

Fragen wir nun, was oder wer die Sinnlichkeit verdrängt hat; ob die Ideale immer von außen aufgenötigt
werden; und was eigentlich die Sublimierung bedeutet.
Wenn wir auf diese Fragen antworten, daß die Verdrängung
eine Leistung des Supra-Ichs ist, daß die Ideale auch vom
Supra-Ich ausgehen können und die Sublimierung eine Libidobesetzung des Supra-Ichs darstellt, dann entsteht eine neue
Reihe von Fragen: was ist unter dem Supra-Ich zu verstehen? Wie ist das gegenseitige Verhältnis zwischen Supra-
Ich und Ideal-Ich aufzufassen, und welche Verbindung besteht zwischen Sittlichkeit und Sexualität?

Wie bereits im 1. Kapitel angekündigt, befassen wir
uns hier nur mit dem sittlichen Supra-Ich.

In erster Linie müssen wir hervorheben, daß die herr-
schenden wissenschaftlichen Moralsysteme — die Lehren von
der autonomen Moral — nur eine Seite des Gegenstandes
berühren, nämlich die bewußte Sittlichkeit. „Sittlich ist noch
nicht der Mensch, der tut, was alle für wichtig oder für
‚gute Sitte‘ halten. Sondern sittlich ist erst der Mensch, der
die Sitten seiner Gemeinschaft anerkennt, nicht weil sie
Sitten sind, die von allen befolgt werden und die man

darum achtet, sondern weil er in ihnen objektiv giltige Normen sieht, denen er Gehorsam schuldet." Das ist die bewußte Moral, die — vom topischen Gesichtspunkte aus — dem System Bw angehört. Uns interessiert aber hier die unbewußte Sittlichkeit, die dem System Ubw angehört. Als Repräsentanten dieser Sittlichkeit können wir die Scham betrachten. „Man gewinnt bei dem Kulturkinde den Eindruck, daß der Aufbau dieser Dämme (Ekel, Scham, Ästhetik, Moral) ein Werk der Erziehung ist, und sicherlich tut die Erziehung viel dazu. In Wirklichkeit ist diese Entwicklung eine organisch bedingte, hereditär fixierte und kann sich gelegentlich ohne Mithilfe der Erziehung herstellen. Die Erziehung verbleibt durchaus in dem ihr angewiesenen Machtbereich, wenn sie sich darauf einschränkt, das organisch Vorgezeichnete nachzuziehen und es etwas sauberer und tiefer auszuprägen."[1] „Organisch bedingte Entwicklung" heißt aber, daß die Scham sich auf Kosten der Selbstaktivität des Organismus entwickelt. Die Aktivität des Organismus zeigt von Anfang an zwei Richtungen: die eine zur Selbsterhaltung resp. Selbstbehauptung des Individuums, die andere zur Arterhaltung. Die eine ist die Aktivität des Individual-Ichs, die andere die Aktivität des Sexual-Ichs. Wohin gehört nun die Scham? Weder zum Individual- noch zum Sexual-Ich, da beide durch sie in ihren Betätigungen nur gehindert werden. Es muß also im Individuum eine dritte Quelle der Selbstaktivität vorhanden sein. Diese Quelle nennen wir eben das Supra-Ich.

Der Mensch nimmt eine Mittelstellung ein. Einerseits ist er ein organisches Ganzes, das aus Teilen — aus Zellen — besteht; andererseits ist er selbst ein Teil der ganzen Menschheit.

---

1) **Freud**, Drei Abhandlungen zur Sexualtheorie. L. c.

„Die Zellen, die einen zusammengesetzten Organismus bilden, leben ein zweifaches Leben. Einerseits lebt die Zelle, als eine elementare Lebenseinheit, für sich: sie strebt sich zu erhalten, ernährt sich, wächst, pflanzt sich fort. Andererseits dient die Zelle dem ganzen Organismus, eine gewisse Arbeit in ihm erfüllend: die Drüsenzelle sondert die dem ganzen Organismus nötigen Stoffe ab, die Muskelzelle kontrahiert sich, um den ganzen Organismus in Bewegung zu setzen usw.; zu diesem Zweck spezialisiert sich die Zelle. Eine beliebige Seite der Zellentätigkeit kann sich verstärken, sich zum Übermaß entwickeln und als Resultat solcher einseitigen Entwicklung entstehen die kontraktilen, die reizleitenden und die secernierenden Zellen."[1]

Wie jede Zelle des menschlichen Organismus ein zweifaches Leben führt, so führt auch der Mensch als ein Ganzes ein zweifaches Leben: einerseits ist er ein sich selbst genügendes Individuum, andererseits ist er ein Teil des Ganzen: der Familie, des Volkes, des Staates, der Kirche, der ganzen Menschheit. „Das Individuum führt wirklich eine Doppelexistenz als sein Selbstzweck und als Glied in einer Kette, der es gegen, jedenfalls ohne seinen Willen dienstbar ist. Es hält selbst die Sexualität für eine seiner Absichten, während eine andere Betrachtung zeigt, daß es nur ein Anhängsel an sein Keimplasma ist, dem es seine Kräfte gegen eine Lustprämie zur Verfügung stellt, der sterbliche Träger einer — vielleicht — unsterblichen Substanz, wie ein Majoratsherr nur der jeweilige Inhaber einer ihn überdauernden Institution."[2] Nun steigt der Zweifel auf, ob

---

1) Wl. Karpow, Lehrbuch der Histologie. (Russ.)
2) Freud, Zur Einführung des Narzißmus. L. c. S. 84.

wir nicht ohne Supra-Ich auskommen könnten? Jede über-
flüssige Annahme stört ja die weitere Arbeit.
Darin kann uns noch folgende Beobachtung bestärken.
Die Scham arbeitet zu Gunsten der Sexualität. In der ersten
Kindheit verdrängt die Scham die Sinnlichkeit (besonders
die genitale), weil zu starke Entwicklung der Sinnlichkeit
in dieser Lebensperiode der zeitgemäßen Betätigung in der
Pubertätsperiode schaden könnte. Im Knabenalter verdrängt
die Scham die Zärtlichkeit (Siehe Wolodjas Benehmen gegen
Nikolenka), weil wiederum die intensive Zärtlichkeit in der
Pubertätsreife den Sexualverkehr stören würde. Weiter sei
noch bemerkt, daß es keine Scham in den Mutterkindverhält-
nissen gibt und in allem, was sich an ihnen betätigt, mit
Ausnahme der inzestuösen Regungen.

Im Gegensatz dazu beobachten wir im Leben, daß die
schamhaftesten Menschen die stark sexuell veranlagten sind,
was der Verwertung einer gemeinsamen Quelle von Scham
und Sexualität widerspricht; in diesem letzten Falle sollte
eine umgekehrte Proportionalität bestehen.

Wenn wir die weitere Betätigung der Scham verfolgen,
so sehen wir, daß die Scham gegen den Familienegoismus
gerichtet ist.

Folglich wirkt die Scham manchmal zu Gunsten, manchmal zu Ungunsten der Sexualität. Oft wird die Scham auch
gegen das Individual-Ich, gegen den Egoismus gerichtet. Mit
einem Wort, die Scham verfolgt ihre eigenen Ziele. Dementsprechend markieren wir die Quelle dieser Aktivität als
Supra-Ich. Das Supra-Ich, das als autonome Gruppe der
„mir gegebenen" Strebungen in der Seele der Menschen
vorhanden ist, ist als Repräsentanz der Menschheit zu betrachten (siehe Kapitel I).

Die Scham hilft der Sexualität und reguliert sie in den
Entwicklungsjahren, damit sich die Menschheit fortpflanzen
kann; sie hindert die ausschweifenden Sexualbetätigungen im
Mannesalter, damit nicht die ganze Energie des Individuums
auf sexuelle Genüsse verbraucht werde. Auf solche Weise entstehen die zielgehemmten Triebe, d. h. die „Abschnü-
rungen", auf deren Basis die ganze Kulturentwicklung ruht.
So viel über die Berechtigung der Annahme des Supra-Ichs.

Wir wollen nur noch eine Frage aus diesem Gebiete
berühren. Die Idealvorstellungen, die das eigene Ich zum
Objekt nehmen, bilden das Ideal-Ich. Das Ideal-Ich unterscheidet sich von anderen Ichs dadurch, daß es keine selbst-
aktive Quelle darstellt, sondern nur insofern wirksam ist, als
es vom Sexual-Ich resp. vom Supra-Ich und von fremden
Ichs aktiviert wird. Und wie immer im Seelenleben, geht
die stärkste Aktivierung vom Sexual-Ich aus. Das beweist
die alltägliche Beobachtung: die Ideale sind wirksam, wenn
sie geliebt werden. Es entsteht nun die Frage, warum bei
der Idealisierung das sexuelle Gepräge des Erlebnisses fort-
besteht, während es bei der Sublimierung verschwindet?
Freud schreibt: „Die Sublimierung ist ein Prozeß an der
Objektlibido und besteht darin, daß sich der Trieb auf ein
anderes, von der sexuellen Befriedigung entferntes Ziel wirft;
der Akzent ruht dabei auf der Ablenkung vom Sexuellen.
Die Idealisierung ist ein Vorgang mit dem Objekt . . . . Insofern also Sublimierung etwas beschreibt, was mit dem
Trieb, Idealisierung etwas, was am Objekt vorgeht, sind die
beiden begrifflich auseinanderzuhalten."[1] Warum verändert
sich der Trieb selbst, wenn er auf das Supra-Ich gerichtet
ist, während er ohne Veränderung bleibt, wenn er auf die

---

[1] Zur Einführung des Narzißmus. Vierte Folge, S. 102.

Ideale gerichtet ist? Der Unterschied liegt darin, daß das Supra-Ich selbstaktiv ist und dadurch (in verhältnismäßig seltenen Fällen) sich des Triebes zu bemächtigen imstande ist. Das geschieht aber nur auf der höchsten Stufe der Sublimierung, wie es im Beispiel von Sossima ersichtlich ist. (Siehe Kapitel IV). Die ersten Grade der Sublimierung behalten noch Züge der sexuellen Erlebnisse, wovon man sich aus den folgenden Worten von Mereschkowski[1] überzeugen kann: „Wir sind gewohnt zu glauben, daß je abstrakter ein Gedanke ist, er um so kälter und leidenschaftsloser sein müsse. Aber das ist nicht der Fall, wenigstens nicht mehr für uns. Bei den Helden Dostojewskis sieht man, wie abstrakte Gedanken leidenschaftlich sein können, wie metaphysische Sätze und Folgerungen nicht allein in unserem Verstande, sondern auch im Herzen, im Gefühl, im Willen wurzeln. Es gibt Gedanken, die mehr Öl in das Feuer der Leidenschaften gießen, die menschliches Fleisch und Blut stärker erregen als die unbändigsten Lüste. Es gibt eine Logik der Leidenschaften; aber es gibt auch Leidenschaften der Logik. Dies sind vorzugsweise unsere besonderen, neuen, den Menschen früherer Kulturperioden unbekannten Leidenschaften. Die Berührung eines nackten Körpers mit etwas sehr Kaltem verursacht zuweilen das Gefühl der Verbrennung, die Berührung des Herzens mit der abstraktesten Metaphysik ruft zuweilen die Wirkung einer glühenden Leidenschaft hervor."

Das ist die Schilderung einer Libidobesetzung von Gedanken, bezw. Idealen. Eine derartige Sublimierung trägt noch die unzweifelhaften Züge der Libidobesetzung.

---

1) L. c. S. 240.

VIII

ÜBER DIE INFANTILE AMNESIE

*„Auf geheimnisvolle, dem menschlichen
Verstande unerfaßbare Art werden die
Eindrücke früher Kindheit im Gedächt-
nisse bewahrt und sie werden nicht nur
bewahrt, sondern verwachsen auch in un-
ergründlicher Tiefe mit dem Innersten der
Seele, gleich Samen, der auf guten Boden
fällt, und strecken dann nach vielen Jahren
plötzlich ihre Frühlingstriebe in Gottes
Welt empor.“*

LEO TOLSTOI[1]

Die Tatsache der infantilen Amnesie, ihre Erstaunlich-
keit und Unbegreiflichkeit wird von Tolstoi und Freud
fast in denselben Ausdrücken vermerkt. (Siehe Kapitel II).
„Es ist sonderbar und schauderhaft zu denken, daß ich von
meiner Geburt bis zum Alter von 3 Jahren . . . . wieviel
ich auch in meinem Gedächtnis suche, keinen einzigen Eindruck außer jenen beiden finden kann“ usw. Weiter sagt
Tolstoi, daß für ihn die Natur bis zum Alter von 5 Jahren
nicht existierte. „Es ist unmöglich anzunehmen, daß man
mich nicht mit Blumen, mit Blättern hatte spielen lassen,
daß ich kein Gras gesehen, daß man mich nicht vor der
Sonne geschützt hätte, aber bis zu meinem fünften, sechsten
Jahre habe ich keine einzige Erinnerung an das, was wir

---

1) Birjukow, I, 85.

Natur nennen. Wahrscheinlich muß man sich von ihr entfernen, um sie zu sehen und ich war selbst die Natur."
Diesen Erklärungsversuch könnte man so auffassen, daß wir
in den ersten Jahren unseres Lebens gänzlich instinktiv leben,
d. h. daß die bewußtmachende Funktion des Ichs noch un-
tätig ist. Wenn wir aber unbewußt gelebt haben, so ist es
nur zu verständlich, daß wir auch keine bewußte Erinnerung
behalten. Dem widerspricht aber die direkte Beobachtung:
kleine Kinder sind nicht nur instinktive Wesen, sondern
urteilen auch und sind zu streng logischen Operationen
fähig, welche in der Sphäre des klaren Bewußtseins vor sich
gehen. So z. B. sagte mir einst ein kleiner Freund, der noch
nicht volle 4 Jahre alt war, daß er ein Arzt sei. Ich antwortete ihm, das sei unmöglich, er wäre noch ein kleiner
Knabe und wisse selbst sehr gut, daß die Ärzte immer Erwachsene seien. Auf diesen meinen Zweifel sagte er mit
ruhiger Überzeugung: „Du bist mein Freund (russ. *drug*
d. h. wörtlich „alter ego") und bist ein Arzt, also bin ich auch
ein Arzt."

Nur Freud allein konnte auf Grund seiner psychoanalytischen Untersuchungen die infantile Amnesie erklären.
„Es kann sich also um gar keinen wirklichen Untergang
der Kindheitseindrücke handeln, sondern um eine Amnesie,
ähnlich jener, die wir bei den Neurotikern für spätere Erlebnisse beobachten, und deren Wesen in einer bloßen Abhaltung vom Bewußtsein (Verdrängung) besteht."[1]

Um den Charakter der infantilen Amnesie anschau-
licher zu machen, muß man sie mit einigen anderen Amnesien
der Erwachsenen vergleichen. Freud vergleicht die infantile
Amnesie mit der hysterischen. Es gibt noch eine andere

---

[1] Drei Abhandlungen zur Sexualtheorie, S. 40.

Möglichkeit: die infantile Amnesie mit der „Amnesie der Unglücklichen" zu vergleichen. Wir finden ein Beispiel einer solchen im Roman „Auferstehung".

Katjuscha, ein junges Mädchen, halb Magd, halb Fräulein, wohnt bei zwei Schwestern — Gutsbesitzerinnen, alten Jungfern. Wie Katjuscha 16 Jahre alt ist, kommt zu den beiden Damen Nechljudow, ihr Neffe, ein reicher Fürst. „Und Katjuscha, ohne es ihm oder sogar sich selbst gestehen zu dürfen, verliebte sich in ihn." Später, nach zwei Jahren, kommt derselbe Neffe, als er in den Krieg zieht, wieder zu seinen Tanten, bleibt vier Tage bei ihnen und am Tage vor seiner Abreise verführt er Katjuscha, steckt ihr am letzten Tag einen Hundertrubelschein in die Hand und fährt weg. Fünf Monate nach seiner Abreise erhält sie die Sicherheit, daß sie schwanger ist . . . . Sie bittet um ihre Entlassung und die Damen, die sehr unzufrieden mit ihr waren, lassen sie gehen. „Ein schweres Leben begann für Katjuscha, sie wechselte Stelle auf Stelle, gebar ein Kind, welches im Findelhause starb, litt an sexuellen Verfolgungen der Männer und endete damit, daß sie eine Prostituierte wurde und in einem Toleranzhause wohnte." Später wird sie der Vergiftung eines betrunkenen Kaufmannes beschuldigt und zu Zwangsarbeit verurteilt, obgleich sie unschuldig ist. Unter den Geschworenen befindet sich Nechljudow. Dieses Zusammentreffen macht auf ihn einen so tiefen Eindruck, daß er sich vornimmt, sein ganzes Leben zu ändern, weil er sich für Katjuschas Unglück verantwortlich fühlt. Er beschließt sogar, sie zu heiraten. Katjuscha war damals 27 Jahre alt.

So können wir in Katjuschas Leben zwei Perioden unterscheiden: eine verhältnismäßig glückliche Periode bis zum Alter von 18 Jahren und eine unglückliche von 18—27.

Im Gefängnis, in der Nacht der Verurteilung kann Katjuscha lange nicht einschlafen. „Sie erinnerte sich an viele Leute, nur nicht an Nechljudow. Von ihrer Kindheit, ihrer Jugend und besonders von ihrer Liebe zu Nechljudow erinnerte sie gar nichts. Es war zu schmerzhaft. Diese Erinnerungen lagen irgendwo weit, unangerührt in ihrer Seele. Selbst im Traume sah sie Nechljudow nie."

Warum kann aber die Erinnerung an ein glückliches
Leben schmerzhaft sein?

Nechljudow besucht Katjuscha im Gefängnis.

„— Katjuscha, ich bin zu dir gekommen, um Verzeihung zu
bitten . . . . — ‚Es ist sonderbar, was Sie reden‘, sagte sie, wie es ihm
schien, verächtlich lächelnd.“

„Nechljudow fühlte, daß in ihr etwas geradezu Feindseliges
gegen ihn war, das sie in ihrem jetzigen Wesen festhielt, und
ihn hinderte, bis in ihr Herz zu dringen . . . . Nechljudow wünschte
nur das Eine, daß sie aufhöre, diejenige zu sein, die sie jetzt war, daß
sie aufwache und die werde, die sie früher gewesen . . . . Aber sie ergab sich nicht, wollte sich nicht ergeben. — ‚Wozu des Vergangenen
gedenken?‘, sagte sie trocken, sich noch mehr verfinsternd.“

Das ist Widerstand im Freud'schen Sinne, — die
Kehrseite der Verdrängung.

„Zumeist wunderte sich Nechljudow darüber, daß Katjuscha das
Schmachvolle ihrer Lage nicht empfand, sondern zufrieden, ja stolz darauf
zu sein schien.“ Katjuscha schämt sich, eine Arrestantin zu sein, aber sie
fühlt keine Scham, eine Prostituierte zu sein. „Das war jedoch nicht
gar so verwunderlich, denn jeder Mensch hält ja die Ausübung seiner
Beschäftigung für gut und wichtig.“

„Ihre Weltanschauung bestand darin, daß das Glück aller Männer
ohne Ausnahme — alter und junger, gebildeter und ungebildeter —
im intimen Verkehr mit anziehenden Frauen bestehe, und daher alle
Männer, wenn sie auch den Schein annehmen, mit anderen Dingen
beschäftigt zu sein, im wesentlichen doch nur das eine begehren. Sie,
die eine anziehende Persönlichkeit war, konnte dieses Begehren befriedigen oder unbefriedigt lassen, darum war sie ein wichtiges und
notwendiges Wesen . . . . Daher stellte sich ihr die ganze Welt als eine
Versammlung von Männern dar, die vom sexuellen Begehren getrieben
werden . . . . Und Masslowa schätzte diese Lebensanschauung höher als
alles in der Welt und konnte nicht anders, als sie so zu schätzen, denn
wenn sie ihre Meinung änderte, verlor sie die Bedeutung, welche diese
Ansicht ihr unter den Menschen gab. Um ihre Bedeutung im Leben
aber nicht zu verlieren, hatte sie sich instinktiv Leuten angeschlossen,

welche das Leben von demselben Gesichtspunkte aus betrachteten. Eine
Ahnung sagte ihr, daß Nechljudow sie in eine andere Welt versetzen
wollte; dem widersetzte sie sich, denn sie sah voraus, daß sie in ver-
änderter Lebenslage ihren Wert verlieren mußte, dessen Bewußtsein ihr
Sicherheit und Selbstachtung verlieh. Aus diesem Grund wies sie auch
die Erinnerung an ihre Jugend und ihre ersten Beziehungen zu Nechljudow
von sich. Sie waren nicht mit ihrer jetzigen Weltanschauung
zu vereinigen, und deshalb ganz aus ihrem Gedächtnis verbannt, oder
ruhten unberührt in einem verborgenen Winkel desselben, so verschlossen
und verklebt waren sie, wie die Bienen die Nester der Filz-
raupen verkleben, welche die Arbeit eines ganzen Bienen-
stocks zu zerstören vermögen."

Beim nächsten Zusammentreffen mit Katjuscha, als Nechljudow
die Kassationsbittschrift zur Unterzeichnung ins Gefängnis bringt, findet
er sie leicht betrunken; darauf beginnt zwischen ihnen der folgende Dialog:

„Ich sagte, ich sei gekommen, um Sie um Vergebung zu bitten.
— Ach, was soll dieses fortwährende Vergebung und Vergebung, das
ist ganz unnütz .... lieber sollten Sie .... — Ich will meine Schuld
sühnen, fuhr Nechljudow fort, und zwar nicht mit Worten, sondern
mit der Tat. Ich bin entschlossen, Sie zu heiraten.

Ihr Gesicht drückte plötzlich Schrecken aus; die schielenden Augen
blieben stehen und starrten ins Leere.

— Wozu denn das? sagte sie endlich und runzelte ärgerlich die
Stirn. — Ich fühle mich vor Gott dazu verpflichtet. — Was für einen
Gott haben Sie denn entdeckt? Sie reden lauter sonderbares Zeug.
Gott? Was für einen Gott? Damals hätten Sie an Gott denken sollen,.
sagte sie und hielt mit offenem Munde an.

Erst jetzt bemerkte Nechljudow, daß ihrem Munde ein starker
Branntweingeruch entströmte, und er verstand plötzlich den Grund
ihrer Erregung .... Ich bin zur Zwangsarbeit verurteilt. Ich bin eine
Dirne. Sie aber sind ein vornehmer Herr, ein Fürst, und der braucht
sich mit mir nicht zu besudeln. Bleib du nur bei deinen Fürstinnen.
Mein Preis ist zehn Rubel .... Wie hart deine Worte auch sind, du
kannst doch nicht aussprechen, was ich empfinde, sagte Nechljudow
zitternd und mit leiser Stimme. Du kannst dir nicht vorstellen, wie
schwer ich meine Schuld gegen dich empfinde. — ‚Wie schwer ich

meine Schuld empfinde' höhnte sie ihm mit Bitterkeit nach; damals hast du sie nicht empfunden und stecktest mir hundert Rubel zu. Das ist dein Preis.... Ich weiß, ich weiß. Was soll aber jetzt geschehen? sprach Nechljudow. Jetzt habe ich mich entschlossen, dich nicht zu verlassen. Was ich gesagt, werde ich ausführen. — Ich aber sage, daß nichts daraus wird, erwiderte sie und lachte laut. — Katjuscha, begann er. — Geh! Ich bin zu Zwangsarbeit verurteilt — und du bist ein Fürst und hast hier nichts zu suchen, rief sie in zorniger Aufwallung und entriß ihm ihre Hand. Du willst jetzt nur deine Seele erretten, fuhr sie fort, sich beeilend, alles herauszusagen, was in ihr aufstieg. Durch mich hast du dir in diesem Leben Genuß verschafft, durch mich willst du dich von deiner Sündenschuld loskaufen. Du bist mir zuwider, du, deine Brille, dein ganzes feistes, verruchtes Gesicht! Geh fort! Verlasse mich! rief sie laut und sprang mit einer energischen Bewegung auf."

Als Katjuscha in ihre Zelle zurückkehrte, „legte sie sich auf die Pritsche, wo sie bis zum Abend blieb, und unverwandt in die Ecke starrte. Qualvolle Gedanken wälzten sich in ihrem Hirn. Das, was Nechljudow ihr gesagt, rief sie in jene Welt zurück, in der sie gelitten und der sie voll Haß den Rücken gewandt hatte, weil sie sie nicht verstand. Jetzt war sie aufgerüttelt aus der Vergessenheit, in der sie gelebt; aber mit der deutlichen Erinnerung an das, was einst gewesen, weiter zu leben — das war allzu qualvoll. Am Abend kaufte sie wieder Branntwein und berauschte sich mit ihren Gefährtinnen."

Katjuscha erinnert sich gar nicht an ihre glückliche Lebensperiode und widersteht dem Vorschlage Nechljudows, ihre Profession zu verlassen, aus ein und demselben Grunde; diese beiden Gedanken an Vergangenheit und Zukunft müßten sie um ihr seelisches Gleichgewicht bringen. Die Strebung nach Gleichgewicht kann man als eines der Grundprinzipien des Seelenlebens ansehen. Wenn sich ein Mensch nach langem Leiden mit irgendeiner Lage versöhnt hat, so ist ihm jeder Reiz unangenehm, der ihn aus dieser Lage zu bringen droht, selbst wenn dieser Reiz ihm etwas Gutes vorspiegelt.

Am leichtesten geschieht das, wenn keine Sicherheit gegeben ist, daß die neue Veränderung dauerhaft sein werde. In diesem Falle wird das Gleichgewicht — wenn auch in schlechter Lage — vorgezogen. „Aus der Wechselwirkung der Individuen aufeinander entsteht der Impuls, welcher das einzelne Individuum aus dem Gleichgewichtszustand bringt; das Grundprinzip, das die Tätigkeit des Individuums leitet, ist die Strebung zum Behalten des Gleichgewichts, zur Standhaftigkeit, zur Selbsterhaltung. Das aus dem Gleichgewicht gebrachte Individuum, wie jeder Körper überhaupt, kehrt auf dem kürzesten Weg zu ihm zurück." „Jeder natürliche Prozeß, welcher im Ganzen das Maximum seiner Tätigkeit zu vollbringen strebt, wird in seiner Arbeit vom Prinzip des Minimum geleitet; mit anderen Worten: er ist durch und durch teleologisch. *Natura nihil agit frustra.* Die Gleichgewichtslehre findet ihre Anwendung auch im psychischen Leben des Menschen" (Karpow). Masslowa hatte sich eine bestimmte Weltanschauung zurechtgelegt, die ihr erlaubte, leidlich gut zu existieren und sich eine gewisse Befriedigung bezw. Genuß zu verschaffen. Nechljudows Vorschlag droht, ihr Gleichgewicht zu stören und die Antwort auf diese Drohung ist die möglichst schnelle Beseitigung dieses Vorschlages. Wenn sie frei wäre, könnte sie davonlaufen, — die erste einfachste Reaktion gegen die Gleichgewichtsstörung. Das kann sie nicht. So bemüht sie sich, ihn von sich abzuweisen, ihn zur Flucht zu zwingen. Darum macht sie, als ob sie seinen Vorschlag nicht hörte, nicht bemerkte, ihn ablehnte. Die nächste Stufe der Selbstrettung vor einem das Gleichgewicht störenden Reiz ist die Verdrängung, d. h. das Verstoßen ins Unbewußte. Die letzte Stufe endlich wäre eine klar bewußte, logisch konsequente Verurteilung. Auf diese Weise haben wir die folgende Reihe von Reaktionen zur Wiederherstellung des Gleichgewichtes:

1. Flucht bezw. Mord;
2. Verdrängung;
3. Verurteilung.

Für die innerseelischen Erlebnisse gelten nur die zwei letzten Stufen.

Die infantile Amnesie dürfen wir, ihrem Wesen nach, in eine Parallele mit Katjuschas Amnesie stellen. Sie ist eine Verdrängung der Erinnerung an die glückselige Lebensperiode. Das gewöhnlichste Verhältnis der Erwachsenen zur Kindheit ist ja eine hohe Schätzung derselben.

„Glückliche, selige, unwiderbringliche Tage der Kindheit! Wie soll man die Erinnerung an euch nicht hegen und pflegen!" [So beginnt Tolstoi das Kapitel „Die Kindheit".]

„Man hat sich müde gelaufen und sitzt matt auf seinem hohen Kinderstuhl am Teetisch; es ist schon spät, die Tasse Milch mit Zucker ist längst geleert, Schlaf fällt auf die Augen, aber man rührt sich nicht von der Stelle — sitzt da und hört und sieht. Wie soll man nicht hören! Mama spricht mit jemandem, ihre Stimme klingt so lieb, so unbeschreiblich freundlich. Der bloße Klang sagt meinem Herzen so unendlich viel!" usw.

Da haben wir den unmittelbaren Genuß an Geschmacksempfindungen und dann an Gehörsempfindungen. Weiter werden die sinnlichen Genüsse an Gesichts-, Tastempfindungen beschrieben.

„Kein gleichgültiger Blick stört sie [die Mutter], ohne Scheu gießt sie all ihre Zärtlichkeit und Liebe über mich aus."

Und sogar die Geruchsempfindungen nehmen an den sinnlichen Genüssen teil.

„Ich spüre ihren Duft." „Kommt man dann nach oben und steht in seinem wattierten Schlafrock vor dem Heiligenbild, welch wunderbares Gefühl empfindet man bei den Worten: Lieber Gott, beschütze

meine Eltern, Papa, Mama und Großmama, den Lehrer Karl Iwanowitsch, meinen Bruder und meine Schwester. Wenn ich diese Worte
sprach, die meine Lippen zuerst der lieben Mutter nachstammelten, floß
die Liebe zu Gott und den Eltern sonderbar in ein Gefühl zusammen . . . .
Kein Zweifel störte damals meine Ruhe. Nach dem Gebet wickelte ich
mich, leicht und fröhlich im Herzen, in meine Decke ein. Ein schöner
Traum folgte dem anderen . . . . Dann stopfte ich mein liebstes Spielzeug,
ein Häschen oder Hündchen aus Porzellan in eine Ecke des Federkissens und
freute mich, wie gut, warm und behaglich es dort liegen könne."

Wenn wir diesen Seelenzustand in eine Formel fassen,
so können wir sagen, daß die ganze Libido auf ein Objekt
gerichtet ist: auf die Mutter. Dabei wird die Mutter mit
der eigenen Person, mit Gott, mit den anderen Menschen
zusammengefaßt. Das ist der selige Zustand, wo das Welt-
ganze im eigenen Ich konzentriert wird. Keine Differenz
zwischen Ichlibido und Objektlibido, zwischen der Selbstliebe
und der Liebe zu Gott, kein Konflikt, keine Verdrängung.
Das ist der allumfassende Narzißmus und die selbstvergessende
Fremdliebe, der selige Zustand, der dabei noch von ver-
schiedenartigen sinnlichen Genüssen und Zärtlichkeitserleb-
nissen voll ist.

Wir sind gern bereit zuzustimmen, daß das Bild dieses
seligen Zustandes, das von Tolstoi gezeichnet ist, etwas poetisiert
ist. Aber wenn wir uns die Entwicklung der Erlebnisse etwas
primitiver vorstellen und die Zeit des Erlebens in eine noch
frühere Periode — in die Säuglingszeit — verlegen, so entspricht, aller Wahrscheinlichkeit nach, das beschriebene Bild
dem wirklichen Seelenzustand des Säuglings vollkommen.
Diesen Zustand können wir als primären Narzißmus, —
„die sicherste Libidoposition" (Freud) — bezeichnen.

Der Ablauf der seelischen Vorgänge wird, wie Freud
annimmt, automatisch durch das Lustprinzip reguliert. Das

Streben nach Gleichgewicht, das Prinzip von „Maximum-Minimum" usw. können wir leicht dieser Lustregulierung bezw. dem ökonomischen Prinzip unterordnen. Aber mit dem ökonomischen Prinzip allein kommen wir doch nicht aus. In diese Frage, die neuerdings von Freud in seiner Schrift „Jenseits des Lustprinzips" aufgeworfen ist, werden wir hier nicht eingehen.

Es sei noch über Tolstois „Erste Erinnerungen" bemerkt, daß sie merkwürdigerweise gar nicht entstellt sind. Die erste Erinnerung gibt uns den Hinweis auf den Seelenkonflikt, die zweite auf die überaus starke und reichverzweigte Sinnlichkeit, im Besonderen auf den Narzißmus, die dritte auf die Neigung zu starken Empfindungen, die vierte auf die Verdrängung und auf allerlei Leiden Tolstois auf dem transsubjektiven Libidoweg, die hauptsächlich in Folge der zu starken Fixierung an die Mutter (fünfte Erinnerung) entstanden sind. Alle diese Erinnerungen stellen den „Kern" dar, aus dem sich im weiteren Leben die reiche Pflanze entwickelt. Das Fehlen der Entstellungen, die gewöhnlich in Kindheitserinnerungen beobachtet werden, findet seine Erklärung in der genialen Fähigkeit Tolstois, unbewußtes Seelenleben bewußt zu machen. Diese Fähigkeit ist gleichzeitig die Ursache, warum Tolstoi in seinen psychologischen Schilderungen den Ergebnissen der Freud'schen Schule so nahe steht.

INHALTSVERZEICHNIS

SE**V**ERUS
Verlag

Ebenfalls im SEVERUS Verlag erhältlich:

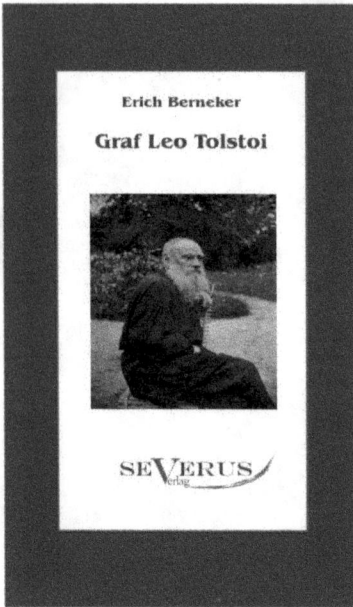

Erich Berneker

Graf Leo Tolstoi

SEVERUS 2011 / 160 S. / 24,50 Euro

ISBN 978-3-86347-060-9

Aus dieser noch zu Lebzeiten Tolstois entstandenen Biographie gehen unverkennbar der hohe Status und die große Reputation hervor, die einer der wichtigsten Schriftsteller aller Zeiten schon früh genoss. Stets aus der Sicht des Literaturliebhabers und trotzdem mit der nötigen kritischen Distanz beschreibt Erich Berneker einerseits Tolstois Hauptwerk, andererseits auch dessen Anfänge als widersprüchlicher und unentschlossener Jungintellektueller. Tolstois praktischen und theoretischen Ausflügen in die Pädagogik widmet der Autor sich ebenso wie der zum Lebensabend hin erfolgten Konzentration aufs Evangelium und den daraus resultierenden religiösen Traktaten.

All das schildert Berneker in einem leserfreundlichen, unkomplizierten Erzählstil und erschafft somit selbst ein höchst gelungenes Stück Prosa.

Erich Berneker (1874-1934) war einer der Wegbereiter der deutschsprachigen Slawistik und Lehrstuhlinhaber an der Ludwig-Maximilians-Universität München.

Kerschensteiner, Georg Theorie der Bildung * **Klein, Wilhelm** Geschichte der Griechischen Kunst - Erster Band: Die Griechische Kunst bis Myron * **Krömeke, Franz** Friedrich Wilhelm Sertürner - Entdecker des Morphiums * **Külz, Ludwig** Tropenarzt im afrikanischen Busch * **Leimbach, Karl Alexander** Untersuchungen über die verschiedenen Moralsysteme * **Liliencron, Rochus von / Müllenhoff, Karl** Zur Runenlehre. Zwei Abhandlungen * **Mach, Ernst** Die Principien der Wärmelehre * **Mausbach, Joseph** Die Ethik des heiligen Augustinus. Erster Band: Die sittliche Ordnung und ihre Grundlagen * **Mauthner, Fritz** Die drei Bilder der Welt - ein sprachkritischer Versuch * **Meissner, Franz Hermann** Arnold Böcklin * **Meyer, Elard Hugo** Indogermanische Mythen, Bd. 1: Gandharven-Kentauren * **Müller, Adam** Versuche einer neuen Theorie des Geldes * **Müller, Conrad** Alexander von Humboldt und das Preußische Königshaus. Briefe aus den Jahren 1835-1857 * **Oettingen, Arthur von** Die Schule der Physik * **Ostwald, Wilhelm** Erfinder und Entdecker * **Peters, Carl** Die deutsche Emin-Pascha-Expedition * **Poetter, Friedrich Christoph** Logik * **Popken, Minna** Im Kampf um die Welt des Lichts. Lebenserinnerungen und Bekenntnisse einer Ärztin * **Prutz, Hans** Neue Studien zur Geschichte der Jungfrau von Orléans * **Rank, Otto** Psychoanalytische Beiträge zur Mythenforschung. Gesammelte Studien aus den Jahren 1912 bis 1914. * **Ree, Paul Johannes** Peter Candid * **Rohr, Moritz** von Joseph Fraunhofers Leben, Leistungen und Wirksamkeit * **Rubinstein, Susanna** Ein individualistischer Pessimist: Beitrag zur Würdigung Philipp Mainländers * Eine Trias von Willensmetaphysikern: Populär-philosophische Essays * **Sachs, Eva** Die fünf platonischen Körper: Zur Geschichte der Mathematik und der Elementenlehre Platons und der Pythagoreer * **Scheidemann, Philipp** Memoiren eines Sozialdemokraten, Erster Band * Memoiren eines Sozialdemokraten, Zweiter Band * **Schlösser, Rudolf** Rameaus Neffe - Studien und Untersuchungen zur Einführung in Goethes Übersetzung des Diderotschen Dialogs * **Schweitzer, Christoph** Reise nach Java und Ceylon (1675-1682). Reisebeschreibungen von deutschen Beamten und Kriegsleuten im Dienst der niederländischen West- und Ostindischen Kompagnien 1602 - 1797. * **Sommerlad, Theo** Die soziale Wirksamkeit der Hohenzollern * **Stein, Heinrich von** Giordano Bruno. Gedanken über seine Lehre und sein Leben * **Strache, Hans** Der Eklektizismus des Antiochus von Askalon * **Sulger-Gebing, Emil** Goethe und Dante * **Thiersch, Hermann** Ludwig I von Bayern und die Georgia Augusta * Pro Samothrake * **Tyndall, John** Die Wärme betrachtet als eine Art der Bewegung, Bd. 1 * Die Wärme betrachtet als eine Art der Bewegung, Bd. 2 * **Virchow, Rudolf** Vier Reden über Leben und Kranksein * **Vollmann, Franz** Über das Verhältnis der späteren Stoa zur Sklaverei im römischen Reiche * **Wachsmuth, Curt** Das alte Griechenland im neuen * **Weber, Paul** Beiträge zu Dürers Weltanschauung * **Wecklein, Nikolaus** Textkritische Studien zu den griechischen Tragikern * **Weinhold, Karl** Die heidnische Totenbestattung in Deutschland * **Wellhausen, Julius** Israelitische und Jüdische Geschichte, Reihe ReligioSus Band VI ***Wellmann, Max** Die pneumatische Schule bis auf Archigenes - in ihrer Entwickelung dargestellt * **Wernher, Adolf** Die Bestattung der Toten in Bezug auf Hygiene, geschichtliche Entwicklung und gesetzliche Bestimmungen * **Weygandt, Wilhelm** Abnorme Charaktere in der dramatischen Literatur. Shakespeare - Goethe - Ibsen - Gerhart Hauptmann * **Wlassak, Moriz** Zum römischen Provinzialprozeß * **Wulffen, Erich** Kriminalpädagogik: Ein Erziehungsbuch * **Wundt, Wilhelm** Reden und Aufsätze * **Zallinger, Otto** Die Ringgaben bei der Heirat und das Zusammengeben im mittelalterlich-deutschem Recht * **Zoozmann, Richard** Hans Sachs und die Reformation - In Gedichten und Prosastücken, Reihe ReligioSus Band III

www.ingramcontent.com/pod-product-compliance
Lightning Source LLC
Chambersburg PA
CBHW070341270326
41926CB00017B/3937